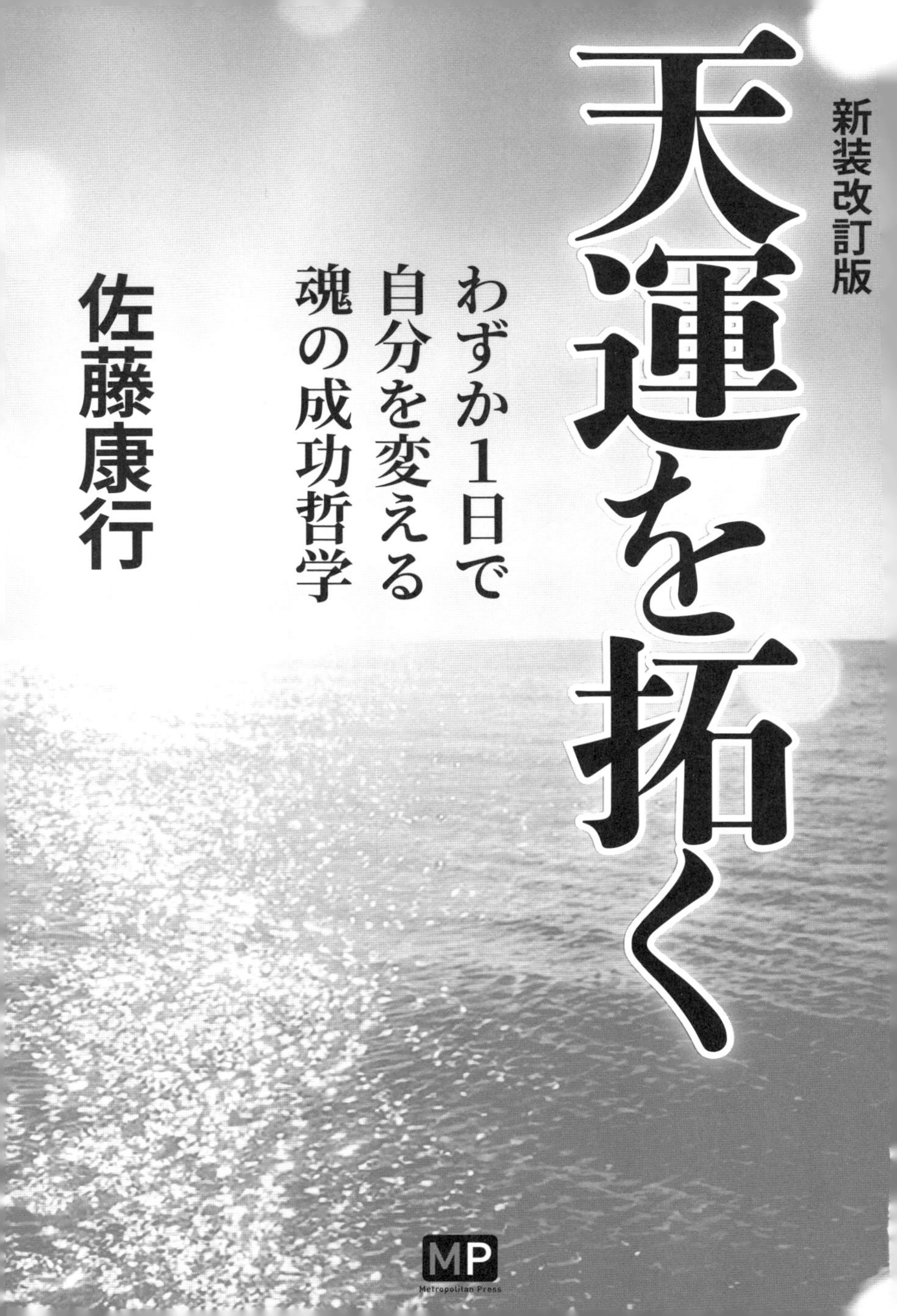

新装改訂版

天運を拓く

わずか1日で自分を変える魂の成功哲学

佐藤康行

MP
Metropolitan Press

まえがき

人間は何のために生きているのか、二度とない残りの人生をどう生きるのか、本当の自分とは何なのか、生きる目的とは、幸せとは、成功とは、毎日の心のもち方とは、人間関係を上手くやるには、宇宙の法則とは、健康になるには、人類のこれからの方向性とは…と、我々は常にいろいろな問題をかかえながら毎日、生活しております。

これからの時代は、これらのあらゆる問題を明確に理解し、はっきりわかった上で生きていかなければなりません。そのためには、**本当の自分、人間本来の姿が魂でできていることを自覚する必要がある**のです。それを自覚すると、野に咲く花が咲くべき時に咲くように、川が上から下に流れるように、自己の生き方が自然に理解できるようになります。

人間の頭で考えることと、心で感じることと、魂を自覚することは全部違うのです。その魂を自覚することは、**天から与えられた使命＝天命を活かすことであり、それが人間として生きていく上で最高の喜びになる**のです。

しかし、我々は目に映るものでしか物事を判断しなくなっているために、天から与えられた全知全能の機能があることに気づかず人生を終わらせる人がほとんどです。これは私から見ると大変不幸な生き方と言えますが、それが今の社会の現状なのです。私も事業をしている関係上、過去、大きな壁にぶち当たったことが何度かあります。しかし、この宇宙の法則を理解しそれに従って動いていれば、何も恐れることはありません。

恐怖は妄想や錯覚を生み出し、我々の生活そのものを迷いの中に引きずり込んでしまいます。**世の中のほとんどの人がこの迷いに惑わされ、苦しみ、病んでいる**のです。私も過去、同じように迷い、そこから救われるためにありとあらゆる方法を求めもがき苦しんだ経験があります。その結果、総ては自分の中にあるということに気が付いたのです。それは、キリストが人間を「神の子」と言い、釈迦が「宇宙即我」と説いたことと全く同じ意味です。何千年も前からキリストや釈迦が唱えているにもかかわらず、我々は目に映る自分以外のものに総ての答えがあると信じ、その目を内なる自分に向けずに外界の出来事にふり回され、悩み続けているのです。過去の偉人、聖人も皆、一様に同じことを言い続けているのですが、残念なことに、その時代の言葉ではなかなか魂にまで響いてきません。

何年か前から私の講演を聞いた方が、救いを求めて私のところへ訪ねて来るようになりました。私は宗教家ではないのですが、今の社会は私のような生き方、考え方、体験を確実に求めているように思います。それは肩書、地位、職業に関係なく、総ての人々に通じる世界です。なぜなら、**それが宇宙のシステムであり、法則そのものだから**です。

私は、この単純明快な天の仕組、宇宙のシステムを知って頂くために、敢えてこの本に「天運を拓く」というタイトルを付けました。天運を拓くとは、天から与えられた、それぞれがもっている素晴しい個性を自覚し、それを最大限活かしていくことを意味しています。もっと端的に言うと、自己の定めを知り、それに逆らわずに生きるという意味です。個性というのは既に天から与えられているものですから、人間の浅知恵で強くしたり弱くしたりするものではないのです。**あるがままのものを出すそれは、計算の働かない世界です**。その個性を活かすには、人と交わり、調和していくしか方法はありません。

仕事とは正に、調和の連続作業です。それなのに、仕事を通じて人と争いごとを起こしたり、人のことを憎んだり妬んだり、全く正反対のことをしています。本当の仕事とは、宇宙そのもののシステムを理解し、それと調和することによって形に現わしていく作業ですから、神そのものを具現化すると言っても過言ではありません。**我々は、人間である以前に神なのです。この世に存在する万事万物は皆、総て神であり、神以外のものはないのです。**

宇宙の中にいろいろな惑星があり、地球がありますが、地球は宇宙から創られたわけではありません。なぜなら、地球は宇宙そのものだからです。そう考えると、人間も宇宙そのものであり、宇宙によって創られたわけではないということを理解して頂けると思います。これが、調和の世界なのです。

調和の世界には分離がありませんから、神と人を分けたり、人と人を分けたりする必要はありません。神は愛であり、宇宙であり、調和ですから、総てが宇宙の中では一つなのです。ですから我々人間同士も、別々であるようでいて実は一つであることを自覚しなくてはなりません。ことに仕事においては、これが自覚できているか否かで結果が大いに違ってきます。

要するにこれは、神を一元論で捉えているか、二元論で捉えているかの違いであり、一元論の場合は神と自分は既に一体で、総てが一つであることを自覚できますが、二元論の場合は神以外のものの存在を認めることになりますから、それが神と悪魔のように対照的なものを生み出す結果にもなるのです。

現代社会の悩みの原因は各人や各集団の都合に合わせた考え方から起こっている、と言っても言い過ぎではありません。そういう考え方や団体は不調和の元ですから、むしろない方が世の中のためと言えるでしょう。我々の生きている社会は地球団体でありながら宇宙団体なのですから、総ては最初から一つであることを自覚して生きていくべきなのです。

この本は、一万冊の本を読んでも未だ足りない、わからないと言われる方にも納得して頂くために、より深い内容をできるだけわかり易くまとめたつもりです。ですから、**これから一万冊の本を読もうとしている方、また、既に読んでしまった方にはぜひ、本書を読まれることをお勧めします。**

この本の中には私が主宰している「真我開発講座」という言葉がたくさん出てきますが、これは決して宣伝するためではありません。また、宇宙や神といった言葉を使うことによって宗教団体と思われる方もおられるでしょうが、決して宗教的な組織ではありませんし、そのような活動も行なっておりません。この「真我開発講座」とは、私が人生の中で体験し、気づいてきたエキスをたった一日に凝縮し、それを使って一人一人の魂の個性を引き出していくというプログラムですから、どんな方が受けられてもその方達の中にあるものしか出てきませんから、一人一人にピッタリあった内容であることは間違いありません。しかも、人間であればどなたでも受講して頂けるわかり易いプログラムになっております。二度とない一度の人生をどう生きるのかを明確にさせるのですから、頭に訴えて頭でわかる世界ではなく、実際に皆様に体感して頂きます。

ただし、この講座は私が何かを教えるのではありません。あくまでも**ご自分でご自分の魂を引き出すことが目的ですから、私はそのためのお手伝いをさせて頂くだけ**です。ですから、受講後、人生が素晴しく変わったり、奇跡的なことが次々に起こったとしても、それは皆さんが天から与えられた個性を法則通りに発揮された当然の結果であることを認識して頂きたいと思います。

「真我開発講座」というのは私自身の魂から生まれたプログラムですから、私の人生の一部として何度も本書の中に登場してきますが、それは皆様に私の生き方、考え方をよりわかり易く伝えるための手段であるということを理解して頂いた上で読んで頂けると幸いです。

特に、生きる目的、心の問題、精神世界等を求める度合の強い人ほど、この本を読んで変化が大きいと思います。今迄そのようなことに全く興味がない人でも、幸せになりたい、もっと成功したい、よりよい人生を送りたいと望む気持ちは共通していることだと思います。もし、ご自分の人生をどうでもいいと思っている人がいるとしたら、ぜひこの本を読んで、ご自分の人生をどう生きるのかを考えるためのきっかけにして頂きたいと思います。また、既にそういうことを求めている方は、より早くもっと深いところに気づいて、残りの人生を最高のものにして頂くことを願っています。

この本は、普通一般の本とは違うはずです。ですから、**一度読んだだけで理解したと言わないで下さい。なぜなら、頭で理解する本ではない**からです。この本を読んであなたが少しでも生き方を変えたなら、現実にあなたの目の前にあること、周りの環境、未来に関することと、あなたに寄ってくる人…あらゆることが変わってくるはずです。そうでなければ、この本を本当に理解したことにはなりません。この本があなたの生き方を変えるきっかけになれば、私にとってこれ以上の喜びはありません。

敢えて、もう一度言います。**くれぐれも、一度読んだだけで「わかった」と言わないで下さい。**何度も何度も読んで、ボロボロにして頂いて結構です。赤い線を引いた後は青い線と、読む度ごとにペンの色を変えて、ご自分の人生、命が変わるまでとことん読んで頂きたいと思います。そうすれば必ず、本来あなたがもっている素晴しい『天運』を自らの手で拓くことができますし、あなたが魂の底から望む大概のことは成し遂げられていくはずです。

佐藤康行

目次

第一章

本当の自分を知る

——人間は自分が認めた方向へ向かっていく

他人はみんな協力者と思えば、非難や中傷は『応援歌』に聞こえる

我々は、いろいろな人間関係の中で、非難されたり悪口を言われたりして傷つくことがあります。しかし、よく考えてみてください。人間が人間の心を傷つけることなどできないのです。相手の心の中に手を入れてグチャグチャにすることなど、どう考えても無理なのです。それなのに我々は、よく他人のせいにして、「あいつに傷つけられた」とか、「あの言葉で落ち込んだ」などと言っています。自分の心は、自分以外の人間が傷つけることなどできないのです。自分が勝手に自分の心に傷をつけているのに、気がついていないのです。

他人が自分の心を傷つけたと思っているとしたら、それは被害妄想です。どんなに悪口を言われても、どんなに落ち込むことを言われても、自分の心の中にその電波をキャッチするアンテナがなければ傷つかないのです。これは「無神経になれ」と言っているのではありません。物事の真理を掴むことができれば、真理以外のことに惑わされないと言っているのです。総ての問題は、受け止める自分自身の心にあるのです。

お釈迦様が悟りを開くために座禅を組んでいた時、弓で狙われて矢が飛んできたが全く

当たらなかった、という話を聞いたことがあります。

これを私流に解釈すると、飛んできた矢は他人の中傷や悪口や非難ですから、物事の本質を見極めたお釈迦様にこの矢が当たらないのは当然です。人の悪口や中傷を一々気にして傷ついていたのでは、本来為すべきことが為されていきません。どんな批判や悪口を言われたとしても、そういう見方をする人もいるのかと客観的に捉えて反省するところは反省し、自己を改善していかなくては前進しないのです。批判や中傷は総て応援歌であり、自分の今後を形成するための栄養ドリンクなのだと思って受け止めてあげればいいのです。

よく、「あなたの後ろに悪霊が宿っている」などと言う人がいますが、私に言わせると、そんなことも大した問題ではありません。自分が成長し、向上するためには、生きている人も死んでいる人も、霊もお化けも、総て協力者に変えて、後押しさせてしまえばいいのです。我々には最初からそのくらいの力が備わっているのですから、その力を信じ最大限に生かしていけば、**総てのものは協力者に変わり、それ以外のものは存在しなくなる**のです。

結局、自分の心をやる気にさせるのも傷つけるのも、自分以外にはあり得ないのです。それを自覚することによって、我々の間に生じる誤解や妄想が消え、周りにいる総ての人々が協力者へと変わっていくのです。

人間は素直が一番、素直になると物事の奥の奥まで見えてくる

素直というのは、字の通りそのまま『素（もと）の心』と読みます。素の心とは、魂の心をそのまま出すことを言います。**類は類を呼ぶように、素直な心というのは、相手の中に眠っている素直な心を呼び覚ますことができる**のです。ですから、素直な心で物事を行なっている人は常に明るい心でいられますし、作戦のいらない世界で生きていけるのです。言い換えれば、素直な心で生きるということは、宇宙のシステムの中で生きていくということなのです。素直な人とは、黒いものは黒い、赤いものは赤い、白いものは白いと、ありのままを真っ直ぐに見られる目をもっている人なのです。

また、素直な人は、物事を理解するのに時間がかかりません。頑固な人は、物事の素の状態を自分の考えに変えてしまいますから、本質が見えなくなるのです。だから、いろいろな意味で混乱する可能性があるのです。素直な人は、混乱しているものを真っ直ぐにし、糸を解きほぐしていくことができますから、常に物事の真実、真理からはずれることがありません。したがって、素直な人は人の言葉に迎合したり振り回されたりすることがない

のです。

素直というのは、そこに自分の感情が加わらない世界です。もし、誰かに暴言を吐かれ、けなされたとしても、それが真実の場合もありますから「なるほど、そういうふうに私を見る人もいるのか」と受け止め、なぜそう言われたのかを考え、それを良い方向に改善していくことに全力投球することができるのですが、素直でない人は、感情的になって腹を立て、自分に教えてくれている意見を悪いこととして受け止めたまま終わらせてしまいますから、せっかくの成長するチャンスを自分で潰してしまうのです。

このように、素直な人は、何事も自分を成長させるための栄養や財産として、プラスに受け止めることができるのですが、素直でない人は、自分で自分の成長を止めてしまうような、マイナス的な受け止め方しかできないのです。

素直とは、常に何があっても人に迎合することだと思う人がいるかも知れませんが、そうではありません。**本当の素直とは、物事の真理がわかる心のこと**を言うのです。

我々が生きていくためには心構えとして大切なことがいろいろありますが、中でも素直な心は一番先に来なければなりません。素直に感謝する、素直に愛する、素直に反省する、素直にやる気を出す、というように。素直というのは総ての入口なのです。

人間は、年をとるほど自分の過去の固定概念に縛られ、人を色眼鏡で見ることが多くなってきますから、いつでも素直になれるように心がけて生きていくことが大切なのです。

無限の可能性を信じ、どんな事態にもプラス思考で行動すると何事もうまくいく

世の中の総ての物事は、肯定、否定の両面から見ることができます。一人の人に対して、「あの人は一生懸命やっている。よく努力している」とも言えますし「一生懸命やっているつもりかも知れないが、まだまだ努力が足りない」とも言えます。

これを会社の中に置き換えると、社長が社員に対して「うちの社員にはろくな人間がいない。能力はない、やる気はない、本当に働く気があるのか」と言うこともできますし「安い給料なのに、文句も言わずよくやってくれている。私のような人間によくついてきてくれて、ありがたい」とも言えるのです。

このように、**一つの物事、人物に対して否定的に思ってけなすこともできますし、肯定的に思って感謝することもできる**のです。

一日二十四時間、一年三百六十五日、限られた時間を生きていくとしたら、どちらの思いで生きていく方が自分にとってプラスになるでしょうか。自分が見られる方の立場になった時、「お前はダメな人間だ」と言われる方が力が出るのか、「よく頑張っているね。

凄いじゃないか」と言われる方が力が出るのか、人それぞれやる気が出る言葉は違いますが、どんな言葉でもありがたいと思って受け止めれば、結果は歴然と違ってきます。

そう考えると、人間関係がよくなったり、いい人が寄ってきたり、いい人が残ったりすることは、総て受け止め方の問題と言えるのです。

人間の幸・不幸、成功・不成功は総て人間の心の中でできていますから、**幸福になるためには、否定的な思いを肯定的な思いに変えてしまう**ことです。「この野郎！」と思ったら「いや、きっとこの人は誤解して勘違いしているだけなんだ」とか「きっと、私に何かを気づかせてくれているんだ」と思ってあげることです。そうすれば、何を言われても「ありがとう」と感謝することができますし、その気持ちが相手に伝わると、相手から「ありがとう」という言葉を引き出すことができるのです。

会社が倒産する時は「参った」「困った」「もうダメだ」と、まず社長の心が倒産してから会社が倒産するのです。その逆に繁栄も、トップが明確な目標と哲学をもち、そのために本気になり、社員全員がやる気になって積極的になった結果が、繁栄となって現われているのです。ですから、常にプラスの心で肯定的に物事を判断し、行動し続けることができれば、会社は自ずと発展していくのです。

このプラスの心の究極は、自分自身をどう思うかにかかっています。自分を否定して悪く思うこともできますし、肯定してよく認めることも自分次第なのです。
人間は、自分が認めた方向へ向かっていくのです。

肯定的に考えて「私は素晴しい。私はできる。私は頭がいい。私は能力がある。私はやさしい」と自分を認めてあげると、そちらの方向に向かって進んでいきます。

逆に言うと、自分が認めたものしか自分の中には残りませんから、自分を否定する人は他人を肯定することはできないのです。表面上の言葉で取り繕っても、それは劣等感とか嫉妬となって残りますから、後から必ず現実の感情として現われるのです。

プラスの心をもちたければ、まず、自分のよいところを認めることです。それが結果的に総ての人を肯定することに繋がり、自分も周りも幸せになれるのです。

「自分は素晴しい」と思う心が一番謙虚

「私は素晴しい人間だ」と思うと、図々しい人間のように映るかも知れませんが、私に言わせれば、それが一番謙虚な人間の姿なのです。例えば、「これは素晴しい自動車だ」と褒めたとします。それは実は、その自動車を褒めているのではなく、それを作った人のことを褒めたことになるのです。自分の作った自動車を褒められるのですから、当然、作った人は喜びます。

人間も同じです。私は、私であって私ではないのです。私を作ってくれた人がいるのです。それは両親であり、天であり、神なのです。

ですから、自分は「素晴しい」と認めることは、単なる自惚《うぬぼ》れとかという浅い次元のものではなく、私を作ってくれた人と神を素晴しいと認めることであり、生かされていることを素直に自覚することですから、自分は素晴しいと認めることこそ本当の謙虚な姿なのです。しかし、素晴しいのは自分だけではなく、自分を取りまく周りの総ての人々が等しく素晴しいことを忘れてはなりません。

反対に、百の機能をもつように作ってくれているのに、それを五％か六％しかないと勝手に決めて諦めてしまう人は、作ってくれた人から当然怒られます。「あなたにこんなに素晴しい機能を与えたのに、勝手に安物だと思い込んでいる。ふざけるな」という具合に。しかし、自分は百ある機能の総てを兼ね備えているんだ、と認識している人は、それを作ってくれた人から喜ばれます。「ああ、よく解ってくれたな。私が与えた力をよく理解してくれたな」と思われるのです。

己を知るということは、自分の機能の総てを知る、ということなのです。自動車を作ってくれた人の心を知らなければ、その自動車の本物の用途や性能を知ることはできません。

まず、作り手の心を知り、次に運転の方法を知り、道路標識や道路事情などというルールを覚えていけば、自動車の機能を百％活かした運転を身につけることができるのです。

我々人間も、作ってくれた宇宙の心を知り、自分自身の心を知って、周りの人たちの心を知るようになれば、人生を自由自在に運転することができます。そう考えると、謙虚そうに振舞って、「私は大したことありません」とか、「私なんか駄目ですよ」などと言っている人は、実は大変傲慢《ごうまん》な人ということになります。「私は素晴しい人間だ」と思うことが、一番の謙虚なのです。

自分は素晴しいけれど他の人はつまらない人間だと思っているうちは、まだまだ傲慢だと言えるでしょう。「**自分を含む世界中の人々が総て素晴しい**」**という心をそれぞれがもつことによって、世界は自ずと一つになりユートピアになっていく**のです。

人生を百倍楽しむ『愛の成功哲学』をもとう

ステーキのチェーン店が二十数店舗になった時、私は自分自身にこう問いかけました。「お前の将来の目標は何なのだ？　お金か？　出世か？　名誉か？　一体、何をやりたいのだ？」と。正月の三日間、真剣に考え続けました。どんどん深く自問自答していくうちに、三日間があっという間にすぎました。そして、やっと自分自身の本音が見えてきました。「そうか、わかった。私の本当の深い本音は、人々にいい影響を与え、社会に役立つ人間になりたいのだ」という生きる目的がはっきりと見えたのです。

「そうだ。将来、学校を建てよう。今の学校で教えていない、心の学校を建てよう」と思いました。そしてそのために、『心の学校』という、心の教育を行なう会社を作ったのです。

私は昔から、物質的なことを追うことよりもその前に自己の成長を追い求めてきた人間ですから、会社を大きくしようと思っても、その前に自分の人間性、人間としての器を広げておかなければ、いつか必ず会社に押し潰されてしまう日が来ると感じていました。ですからそのためにも、心の学校のような、心の教育を行なう事業が必要だったのです。

私は二十歳の時、既に、お金を追いかけるのはやめよう、と決めていました。お金を追いかけて、あっちの水が甘い、こっちの水が甘い、というように、ウロチョロする人間にはなるまい、まず先に自分を成長させ、進歩させることで、その結果、お金でも人でも後からいくらでもついてくる、まるで打ち出の小槌のような人間になってやろう、と思ったのです。今、例えば私をクレーン車で持ち上げて、九州に落とそうがアメリカに落とそうが、どこの土地であろうと、一年以内に大金持ちになって帰ってくる自信があります。

本当の財産とは、自分自身なのです。**自分自身の中に総てがある、ということを自覚す**

ればいいだけなのです。

私は宝石のセールスをしていた時、自分の力を試すためにわざと売れない商品を持って、難しい場所に売りに行きました。身体を鍛えるとき、軽いバーベルを持ってトレーニングするよりも、重いバーベルを持ってトレーニングする方が筋肉がつきます。セールスも同じように、売れる商品ばかり扱って楽ばかりしていたら、長い目で見た時、本当の実力をつけることができないのです。

私は仕事を通じて、常に自分自身に挑戦し、新しい自分を引き出してきました。その結果が現在の私であり、心の学校なのです。今まで成功者と呼ばれている人は、心より物質を追っている人が圧倒的に多かったようです。しかし、我々は必ず死ぬのですから、その時どれだけの物を持っていても、総て置いていかなければならないのです。**本当に追いかけなくてはいけないのは、自分自身の心（魂）**なのです。天から与えられたこの命を最大限に生かし、本当の自分を知ることによって、人生が楽しく喜びに溢れたものとなるのです。

相手に喜んでもらえるもの、求めているものを与えれば あなたの未来は無限に開かれる

商売において一番大事なことは、お客様を満足させることです。これは普遍の真理なのですが、**もっと大事なことは、お客様を満足させられるだけの自分になる**ということです。人間というのは、自分が未熟であると自分のことで精一杯ですから、相手の求めていることにまで手が届きません。ですから、相手のニーズをキャッチするためには、まず自分自身を高め、感度をよくして余裕をもって相手と接してあげられるようになる必要があるのです。相手に喜んで貰うことと自分を高めることは、実は一体なのです。自動車に譬えると、両輪ですから、どちらが欠けてもいけませんし、どちらが先でどちらが後でも困るのです。一体になるためには、お客様に教えていただくしかありません。お客様に教えていただいて成長し、成長した自分がお客様の求めていることを提供する。これは総て、お客様に対する感謝の心がなければできないことです。

しかし、**感謝の心よりもっと先になくてはならないのは**、**素直な心**です。相手が何を求めているのか、何を言いたいのかを素直に受け止める心がなければ、物事は進みません。私は常に、明るく、前向きに、積極的に、夢をもって、目標をもって、プラス思考で、愛

と感謝と素直な心で、勇気をもって、日々生活することを信条としていますが、この十項目のうちの一番最初の入口は、素直になることだと思っています。素直に感謝する、素直に勇気をもつ、素直にプラス思考になる、というふうに、最初に総て素直が付くのです。自分の考えにこだわっている頑固な人には、成長するチャンスは訪れません。

よく世間では、素直に人の話を聞いている人のことを、単に他人に迎合している人のように見がちですが、私の言っている『素直』とは、物事の本質を見る素直さのことであって、決して自分の意見をもたない、いい加減な人間のことではありません。

これからのビジネスマンは、この『素直』という入口をもって総てのお客様に対処していかなければ、道を誤って消えていくことになりかねません。素直に自己を高め、素直に相手の喜ぶことを考えていけば、必ずお客様に満足していただけますし、それが商売繁盛という結果に繋がるのです。

もっと力め、もっと我を出せ、出し尽くすと力みも我も消える

私は何事においてもがむしゃらに一生懸命にやるので、若い時はよく、ちょっと悟ったような人から「お前、あんまり力むなよ」「あんまり我を出すなよ」と言われてきました。

それでは一体どうやってやれというのだ、一生懸命にやるなとでもいうのかと、常に反感をもっていました。私には力まずに我を出さずに頑張るなんてことはできない、あなた達は本当にそんなことができるのか、と逆に訊ねたい思いで一杯でした。

しかしある時、そうではない、力みが足りないのではないか、と思えてきたのです。力みを通り越して無心になったらその力みが取れるのではないか、もっと徹底的に力んで疲れるという体感をして、その力みを通り越すと、自然と力が抜けて本当の力が出てくるのではないか、と思えたのです。

それと同じように「我を出すな」ということについても考えました。〝我〟とは〝われ〟ですから、「我を出すな」ということは、個性を出すなと言っているようなものです。それは絶対におかしい、それより我をもっと出せばはっきりするのではないか、と思いました。世の中、一人で生きているわけではなく、他の人との調和の中で生きているのですから、〝出る杭は打たれる〟と言われるように、自己中心的な人間は必ず叩かれます。叩かれなくては解らないことがあるのです。それによって初めて「アッ、こういう出方ではいけないんだな」ということが体験で解るのです。**体験して身体で感じなければ、物事を本当に解ったことにはなりません。**我を全部押さえてしまって最初から丸かったら、何も気がつかないで終わってしまいます。人間は、我を出して初めて、〝叩かれる〟ということを知り、初めて自己中心はよくないことがわかり、物事の真実に触れることができるのです。そして、本当の自分とは、自己中心の自分ではなく、自分が他の人や社会に本当の意味で役に立ち人に喜ばれた時に初めて生まれる個性のことを言うのです。

しかし、徹底的に力み我を出すということは、同時に、非常に困難な状況と遭遇する場面が増えるということです。人間はそうなって初めて「これではいけない」と思えるのです。この困難な状況を克服するには〝素直〟になるしかありません。**しかも心の底から物事の真理を求めなければ、本当の〝素直〟は解らない**のです。

例えば、勝負において勝ちたければ、どのように素直になればいいのでしょうか。〝何が本物か〟〝誰から学んだらいいのか〟と心を開いて、ありのままの現状の中から一番よい方法を選んでいけばいいのです。

〝素直〟とは、〝ありのままを見る〟ということなのです。そして、物事の本質を正しく見、現実をありのままに受け入れる人が、本当に〝素直〟な人なのです。何でも相手に従う、ということではなく、物事の現実をまっさらな心でそのまま見る、ということなのです。

世の中には、頑固に「いや、俺はこれでいいんだ」と踏ん張っている人がいますが、そういう人は、いくら頭がよくても行動力があっても物事がうまく運びませんし、成功しません。

重要なのは、物事をありのままに、自分の色メガネをまじえずに事態をそのままに見ることのできる力、そしてそれを変えることのできる力なのです。何をおいても一番大事なものは、素直な心なのです。素直に明るくなる、素直に行動する、素直にプラス思考をする、というように、素直はあらゆる物事の入口として捉えてください。

何のために努力をするか、それがわかると人間は一所懸命になる

我々は、物心ついた時から勉強する環境を与えられています。今の日本の教育は知識の詰め込み、頭中心ですから、大人になって社会に出た時、一般的には頭のいい人や知識のある人が立派な人間だと認識されています。

しかし、人間には頭の教育も必要ですが、もっといろいろな機能の教育も必要であるということも知らなくてはなりません。例えば、ここに料理があり、この料理の味を教えてください、と言ったとします。一人はその料理を頭で考えて分析して完全に近い予測をし、別の一人は考えずに食べてみて、こういう味です、と報告したとします。一般的に、どちらの結果を信用するでしょうか。

日頃、頭のいい人の言葉を鵜呑みにしているために、肝心な時にも真実とは異なる判断

をしていないでしょうか。

人間は、いくら頭で考えても、予測することしかできないのです。**本当のことは、体験からしか生まれない**のです。ですから、本当の勉強は単に予測するためだけに必要なのではなく、体験するために必要なのです。

「人間は何のために勉強するのか」という必要性がわかると、それだけで勉強に取り組む姿勢が変わってしまいます。私は学生時代、勉強が嫌いでした。しかし、社会に出て、何のために勉強するのかという必要性がわかった時から、勉強することが楽しくて仕方がなくなりました。大事なことは、全体から見て何が必要なのかということなのです。雲から下の景色が正しいと思っていると、その上の太陽の存在に気がつかないことがあるのです。

我々は既に総ての機能を与えられているのですから、頭で分かったつもりになる知識ではなく、その機能を最大限に活かして行動するための知識を身につけていくべきなのです。**その知識こそ、本当に使える知識であり、結果として人を動かす能力になる**のです。

他人のせいにすると成長はゼロ、自分のせいにすると成長は無限

総ての企業は、必ず結果を数字で表わさなければ倒産してしまいます。どんな素晴しい人間関係や環境があっても、利益を上げなければ企業は成り立たないのです。

数字というのは、お客様のためにお役に立とうと思う気持ちと行動の結晶であり、**数字を上げ続けることは、お客様のお役に立っていることの証《あかし》**なのです。数字を上げるためには、エネルギーを燃やし、情熱を燃やし、時間を使わなければなりません。数字とは、そういうお客様を思う気持ち、即ち愛でできているのです。

ですから、営業マンの数字を変えるには、その人の性格と行動を変えるしかないのです。毎月、数字の上がる人は上がるし、上がらない人は上がりません。よほどのことがない限り、それが逆転することはあり得ないのです。同じ商品を扱っていても、商品や、お客様や、社会のせいにしている人の数字は伸びません。現在の環境を選んだのは、百%自分なのです。ピストルでもつきつけない限り、人が人を無理矢理動かすことなどできないのです。

私が宝石のセールスをしていた頃、わざと売りにくい商品を持って、売りにくい人のと

ころへ売りに行っていました。そうすると、自分に自信が湧いてくるのです。

どんな状況にも対応できる強靭な身体を作るには、軽いバーベルで練習していては効果が上がりません。思い切って、昨日まで持てなかったバーベルを持たなければ、大きな効果は期待できないのです。本当に自分を伸ばしたいと思う人は、軽いバーベルではなく重いバーベルを持とうとしているのか、と自分に問いかけてみるべきです。どんなに小さなことでも、他人のせいにしているうちは成長しないのです。

バーベルを持てるかどうかという問題意識を、自分のこととして捉えている人だけが、どんなに不利な状況下でも伸びていけるのです。

バーベルを他人にばかり持たせても、自分の筋肉はつきません。ですから、本当のよい結果を出し続けるには、周りの環境や人を変えようとするのではなく、まず自分が変わり、自分を高める、即ち、自分自身の筋肉を強くする必要があるのです。そうすれば、企業においても利益を生む人間に必ずなれるはずです。

商売をする上で力がつくということは当然、お客様に喜ばれ満足を与え続けることを意味します。しかも、人の役に立つ人間になるためには、それができるような自己の人間的成長が絶対に不可欠なのです。ですから、いい結果を出すにはいい結果を出せるような自分になる、という意欲をもつことです。それが、自分を高めるための第一歩なのです。

流行に惑わされず
真理のままに行動する人が成功する

『流行』とは『流れて行く』と書きますが、これは、人の心が流れていくということを指しています。それは物に対する心がけでなく、考え方、社会、政治、経済…あらゆるものに通じていると言えます。昨日まで悲しいと思っていたのに今日は嬉しかったり、昨日まで嫌いだった人を今日は好きになったり、心というのはコロコロと変わるものなのです。だから、ココロ（心）というのです。

それは、**人間一人の心だけでなく、会社、日本、世界という単位でも同じ**なのです。ですから、人間の心は時代とともに、世の移り変わりとともに、また、自分の成長とともに変化していくものなのです。また、我々人間同士も、百人いれば百通りの考え方がありますす。ですから、一人一人の言うことを気にしていたら動けなくなるのです。

しかし、これは、他人の言葉に耳を貸すなという意味ではありません。他人の言葉はあくまでもその人の主観の表現ですから、自分自身に真理を求める心があれば、周りの言葉や流行に左右されることはないのです。

ここに百万円のダイヤモンドがあったとして、自分にその価値を見抜く目があれば、石ころだと言う人の言葉にとらわれる必要はありませんし、一千万円の価値があると言っている人の言葉に振り回される必要もないのです。しかし、我々は、言葉だけでは最終的に信用しないところがあります。ただ言っているだけでは逆に信用を失いますし、謙遜しているフリばかりしていると、その程度の人間として判断されてしまいます。ですから、**単なる思いや言葉として終わらせずに、実際に行動して実証してみせることが重要**なのです。**現実に行動して出した結果は、流行や他人の言葉をも超越してしまう**のです。

自分で行動した体験や結果は、世界に一つしかありません。ですから、それを元にして、さらによくなるために改善していけば、次の行動の時はよりよい結果が得られるはずです。

世の中の人は、単なる言葉だけで本当に信用することはありません。しかし、本当にやり遂げた人の言葉・行動は、他人が認めたくなくとも認めざるを得ません。そして、そのことは心や言葉、行動の鑑になり、真実の姿となって一生残るのです。

世の中の人々の言葉や流れゆく心にとらわれず、とにかく、まず自分が行動し、体験し、結果を出すことが、自分の心を造る一番の近道なのです。

出会いがあなたの心に化学変化を起こし、あなたの器を大きくしてくれる

我々の今の状況は、総て過去の考えが現象となって現われたものです。もっと言うなら、自分の今の状況は、自分と周りの人達の過去の心が鏡のように写し出されているだけなのです。

現状を変えるには、自分を磨き高めるしかありません。そのためには、自分よりも意識の高い人と付き合い、出会うことです。コップに入った水にいくら同じ水を入れても量が増えるだけで、水であることは変えられません。しかし、そこにインクを一滴入れると、透明だった水に変化が生まれます。人間も同じように、自分で自分を変えることはできないのです。何かと出会うことによって心の中に化学変化が起き、自分の中の心、言葉が変わり、次元が高まるのです。

出会いの対象は人だけではなく、本やテープでも全く同じです。出会うためには、毎日、積極的に表に出てどんどん人に会うことです。自分の考えをはっきり持って、数多くの人と会っているうちに、会う人が凝縮され、自分がより求めている人と出会えるようになるのです。形はどうあれ、積極的に人に会うことは、自分を高めるための人生にとって大事

な仕事なのです。我々一人一人の後ろには平均二百五十人の人がいる、と言われています。会社の仲間、近所に住む人々、仕事や趣味を通じて知り合う方々…この人たちの後ろにさらに二百五十人の人がいるのですから、自分さえその気になれば、いくらでも積極的に人に会うことは可能なのです。

そして、そういう人たちに会うことによって、全く思いもよらない自分の心が自分の中から引き出されるのです。自分にこんな面があったのか、こんな素晴しい面があったのか、と新しい自分に驚くはずです。現状が全く変わらなくても、自分自身の心が変われば、全然違う世界に住むことができるのです。自分の奥にある素晴しい自分を引き出すことによって、自分の心がどんどん広がっていき、最終的には世界中の人々が自分の協力者であることに気づいていくはずです。

自分という人間は、世界に一人しかいません。ですから、他人を真似るのではなく、自分自身の個性を知り、それを最高に活かすことを考えるべきなのです。それには、客観的に自分を見ることが必要です。そのことによって、自分の未来に起こる総ての出来事が見えてきます。

人間は目があるから、かえって盲目になっているのです。目が外側を見ているために、かえって自分の顔が見えないのです。それと同じように、自分の中にある自分の個性も見えなくなっているのです。自分の顔を鏡で見るように、自分の心も素直に見ることが大切なのです。

〝因縁〟という言葉があります。わかりやすく言うと〝心の癖〟と言ってもいいでしょう。

我々の性格は、ご先祖様のいろいろな性格や心、思い、体験の積み重ねとして、おぎゃあと生まれた時に既に備わっているのです。人の顔が生まれた時から全員違うように、性格もまた、誕生と同時に一人一人に備わった因子なのです。だから、親や先祖と同じ病気になったり、同じ失敗をするのは当然のことなのです。因縁の〝因〟は〝タネ〟とも言えます。タネはタネの段階で、将来このように咲くと決まっています。しかし、タネは机の上に放って置いても咲きません。そのタネに合った土との出会い、水との出会い、栄養分との出会い、太陽との出会い…いろいろな出会いによって初めて花が咲くのです。この出会いを〝縁〟というのです。

これを人間に譬えると、人には生まれた時、既にそれぞれ性格があります。しかし、**この性格を最大限に活かすには、人との出会いが必要**なのです。親との出会い、兄弟との出会い、先生との出会い、友人との出会い…いろいろな出会いによって、自分の個性がどんどん引き出されるのです。それをはっきりと意識し、その個性を知り、人との出会いを大事にしていくことは、自分の個性を素晴しい宝だと自覚することに繋がりますし、世界に一つしかない自分の花を最大に咲かせる人は、自ずと素晴しい人生を歩むことになるのです。

第二章 愛の力を知る

——愛の心は無敵の心、敵がいないから人生自由自在

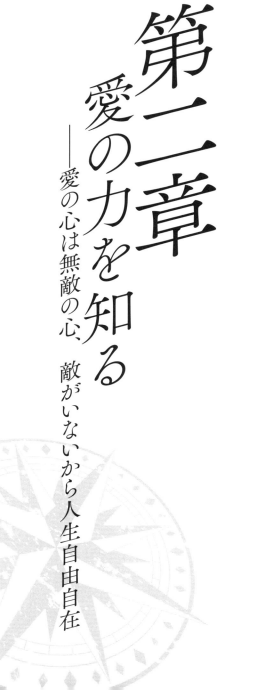

喜怒哀楽は素直に出しなさい、その方が人の心を打つ

人間には喜怒哀楽がありますが、一般的にこれは明るい感情と暗い感情に分けて考えられています。では、人間の喜怒哀楽と運とはどのような関係があるのでしょうか。基本的に、人間は明るい人が好きです。お金は人が運んでくるものだとすると、明るい人には人が寄ってきますから、結果的にお金も集まってくるのです。逆に暗い人からは人が離れていきますから、それに伴ってお金やその他のものも離れていくのです。

しかし、勘違いしないで下さい。**喜怒哀楽の『怒』は決して悪いわけではありません。なぜなら、その奥に愛があることがあるから**です。例えば、誰でも小学生の時、悪いことをして先生に叱られた経験があると思います。その時はワァーッと泣いたり頭にきたりしますが、本当に心の底からその先生を憎んでいるでしょうか。憎んではいないはずです。それはなぜかというと、その行為の奥に愛があることを実は知っているからなのです。だから、子供の時に叱ってくれた先生ほどなつかしくなる場合が多いのです。

ですから我々は、喜怒哀楽という表面的な感情に囚われるのではなく、怒っている姿や悲しんでいる姿の奥にある、その人の本当の愛を見なくてはいけないのです。怒りや悲し

みは決して暗いイメージではなく、いろいろある愛の表現の一部なのだということがわかれば、どんな表現をされても、そのことに囚われる必要はなくなるのです。ですから、**喜怒哀楽という感情は自然に、どんどん出して構わない**のです。喜びを抑えることが怒りに繋がったり、怒りを抑えることが悲しみを増幅させたりすると、身体にも悪影響を及ぼします。何かをしてはいけない、というような制限はない方がよいのです。喜ぶ自由が認められているように、怒る自由もあるのです。

それが相手を愛し、相手を伸ばす魂の言葉であれば、表現方法は何であっても構わないのです。頭で考えて計算した言葉で相手を変えようとしても、所詮、感情レベルの話で終わってしまうのです。本当に相手のことを思うのならば、頭で考えた特別な言葉や計算はいらないはずです。その場面、場面で魂の底から湧き出た表現をしていれば、本人が勝手に変わっていくのです。その過程で落ち込んだり悩んだりしていても、敢えてそのために手を下す必要はありません。周りにいる者が常に魂の底から出た言葉や態度で接していれば、自然に向くべき方向に向いていくのです。

我々の人生は自分が思っているとおりの姿にしかならないのですから、特別な計算や無理な創作をせずに、魂の底から湧き上がる心で自然に表現していきたいものです。

真実を知ればこの世に恐いものはない、恐怖心は真実を知らないことから生ずる

現代の社会に生きるほとんどの人は、物事の実体を正しく捉えていないために、数々の矛盾と戦って苦しんでいます。物事の実体を正しく捉えると、人間には恐怖心がなくなるのです。**我々にとって、わからないということが一番の恐怖**なのです。

例えば、夜、道を歩いていて、後ろから変な男がついてきたとします。その男の人の実体はわからなくとも、そのことを意識した瞬間から、人間は異常な恐怖心を持ち始めます。しかし、それが近所のおじさんだとわかったら、どうでしょう。今までの恐怖心が一瞬にして消えてしまいます。このように実体がわからないとか見えないということは、いろいろな妄想を引き起こす要素になっているのです。

これと同じように、我々は人のことを恨《うら》んだり憎んだり、あるいは妬《ねた》んだりする心で言葉を発したり、その通りの顔つきをしたりすると、相手の真の実体がわからなくなってしまいます。どうしても言葉や態度に囚われて、その奥にある本当の心まで読めないのです。言われた言葉、とられた態度だけで判断してしまうと、売り言葉に買い言葉で、恨みや憎しみ、妬みの心がどんどん出て、人間関係がグチャグチャになってしまいます。

では、なぜ、人を恨んだり憎んだり妬んだりするのでしょうか。それは、相手のことが気になるからなのです。

人は皆、自分のことを気にしてほしい、愛されたい、と思っているのです。その心が強ければ強いほど、相手に要求することが多くなり、衝突してしまうのです。そう考えると、相手を悪く思う心の正体は、実は愛であることがはっきりしてきます。相手の心の奥にあるものがはっきり見えるようになれば相手が言う言葉の真意がわかりますから、誤解が生まれずに済むのです。

人間は元々、そのようなことを理解する機能をもっているのに、ほとんどの人が使わずに眠らせています。もし、科学が進歩するように魂も進歩していたら、世の中から戦争や争い事がなくなってもおかしくないのです。しかし、未だにそうなってはいません。これは、できないからということではなく、単に「やっていない」というだけのことなのです。もし、科学が進歩する以上の速さで魂や宇宙の法則に対する理解を全世界の人が示すならば、戦争や争い事だけではなく、病気すらなくなっていく世界になるはずです。しかし、それをお説教という形で言葉で教えても、人間はそれを排除して、すぐ忘れてしまいます。

では、どうしたらいいのでしょうか。外から教え込むのではなく「既にある」ということを自覚させてあげればいいのです。

泥棒がなぜ盗みを働くかというと、今よりもっと成功し、幸せになるための手段は盗むことしかない、と思っているからです。人間はもっと本当の豊かさ、本当の幸せを知るべきなのです。泥棒も、盗みを働く以上の喜びや幸せを知れば、盗むことに興味がなくなるはずです。それは、子供が新しいおもちゃを知った途端、今あるおもちゃに興味がなくなるのと同じです。一番よくないのは、中途半端に関心をもったり知ったりすることです。どうせ知るのであれば、とことん知った方がいいのです。そうすれば、表面上の目に見えるものに囚われることなく、その先の世界が見えてくるはずです。

やさしくなければ強い人間になれない

我々は、よく人から『やさしい』という言葉で表現されることがありますが『やさしい』という言葉にはいろいろな意味が含まれており、一概に喜べない場合もあります。やさしいという言葉は人に対して使うだけでなく、物事を行なう時、例えば仕事をする際に『簡単』という意味でも使われます。

人にやさしくするということと、物事をやさしく行なうことは、じつは同じ意味があり、深いところでは繋がっているのです。本来、『やさしい人』というのは、暖かい思いやりをもって相手のことを考えてあげられる人のことを言いますから、常に自分の仕事をこなした上で、相手のお役に立てる余裕と強さをもっている人です。逆に、『やさしくない人』というのは、自分のことで精一杯ですから、人にやさしくしてあげるだけの余裕が生まれてこないため、やさしくないと言われてしまうのです。また、自分が受ける立場で、やさしくしてほしいと思っている人も、同じように余裕がない人です。

例えば、ここに重い荷物があるとします。それを自分の力で持つことが不可能だと思った途端、我々は本能で誰かに手伝ってもらうことを考えます。これは、自分の心の中で、「これ以上の余裕はない」と認めた証拠なのです。ですから、自分に余裕のない人は、上手く相手の余裕を引き出し、それを使わせていただくことで、周りとの調和を図っているのです。

しかし、やさしさも度を越えると、人から嫌われることがあります。やさしすぎる人は、与えすぎる傾向が強いですから、相手の活躍の場を奪ってしまい、相手がもっと活躍したい、認められたい、と思う気持ちをもっていても、それを表現できないようにしてしまうのです。結果的には相手に信用されていないと思われ、やさしくしたにもかかわらず嫌われてしまうのです。

したがって、どの次元で捉えるのかによってもずいぶん違うのですが、一番深い次元で捉えると、**〝やさしさ〟**とは、**人間が本来もつ生命力のことであり、〝やさしくする〟とは、相手の命、愛を引き出してあげる作業のこと**なのです。ですから我々は、周りの人、物…総てに対して、できるだけやさしくしてあげなくてはいけません。それが与える側、与えられる側の間でうまく調和した時に初めて、感謝や愛の心が自然に生まれてくるのです。

人間は言葉で生きている、言葉が変われば心が変わる、心が変われば人生が変わる

私は以前、道を歩いている時、突然、ある言葉が身体の中から湧いてきたことがあります。それはまるで、天からのメッセージのようでした。私は立ち止まって、出てきた言葉をそのまま手帳に書き取りました。その後、各地でスピーチや講演をする際に読ませていただいていたところ、多くの方が涙を流すほど感動してくださり、ほとんどの方から、ぜひそれをまとめたものを作ってください、とお願いされてきました。そこで、この言葉を『成功と幸福を呼ぶ言葉』（心の方針）と題し小冊子にまとめたところ、今では自動的に全国に広がっており、私の知らない所で、いろいろな方がこの言葉を読んで感動してくださっているようです。

この言葉には我々の魂に訴えかける波動が込められていますので、ぜひ、職場や家庭で

読んでいただきたいと思います。

『成功と幸福を呼ぶ言葉』（心の方針）

どんどん良くなる
ありがとうございます
ありがとうございます
あなたのおかげです
皆様のおかげです
すばらしいです
今が最高です
楽しいです
うれしいです
元気です
なんてしあわせだろう
生きているって素晴しい
やるだけです

私は現在より百倍の力を出します
力は無限です
やります
ほんとうにうれしい　楽しい
健康です
私はやさしい　あたたかい
もっと仕事をしたい
すぐやります
難しいことは一つもない
みんな仲間です
みんな好きです
私は人が大好きです
嫌いな人はひとりもいない
私のできることはなんでも言ってください
やるぞ　やるぞ　徹底的にやるぞ
今日一日が人生です

今を生きる　今しかない
今　現在持てるすべての力を出そう
すべてが新しい
すべてが生きている
私は世界でただひとりです
私は素晴しい人間です
私は人の為になる人間です
私は全力で生きる
力を出しきる
今日やるべき仕事は今日中に全部やる
うれしい　楽しい　元気です
やる気　満々です
燃えてきた
昨日の悪かった点はすべて直します
私は素直だからできる
計画は全部書く

そしてその通り実行する
なにもかも楽しい
本当にあなたのお陰です
ありがとうございます
ありがとうございます
私は責任を持ちます
私は誠実です
私は約束を守ります
私は時間を守ります
私は実績をあげます
私は現場主義に徹します
お客様の喜びを自分の喜びとします
私は決めたことは最後までやりぬきます
絶対に負けません
喝！
私は人を動かします

素晴しい方向へ
遠慮はしません
私は人を褒めます
自分自身も褒めます
私は人も自分も好きだからです
愉快です
人生は素晴しい
ああ　人の為に役立ちたい
喜ばれたい　感動したい
私に今の百倍の仕事をください
あっというまにかたづけます　本当です
私は燃えています　メラメラと
火の玉です
さあなんでもこい
どんどんやる
おもいきりやる

全力でやる
すべての力を出し切る
やるぞ　やるぞ
私は素晴しい人に囲まれている
みんな大好きだ
もっと教えて下さい
私は成長する
私は向上する
私は進歩する
すべてが魂の修行です
私は心をこめて仕事をする
なぜならば我々は
愛の販売をしているからです
頭がスッキリしてきた
新しい知恵がどんどん出てくる
どんな難しいことでもさわやかに解決する

私は一分一秒を大事にする
なぜなら時こそ命だからです
人に喜ばれるアイデアがどんどん出てきます
ありがとうという言葉がきこえます
笑顔がみえます
お父さん　ありがとうございます
お母さん　ありがとうございます
兄弟（姉妹）の皆さん　ありがとうございます
家族の皆さん　ありがとうございます
親戚の皆さん　ありがとうございます
ご先祖の皆様　ありがとうございます
お客様　ありがとうございます
我が社の同志よ　ありがとうございます
電話をくださるすべての皆さん
ありがとうございます
訪問してくださるすべての皆さん

ありがとうございます
私を取りまくすべての皆さん
ありがとうございます
日本の人々よ　全世界の人々よ
ありがとうございます
私は皆さんを愛と感謝の気持ちで迎えます
私はやります
皆さんの喜んでいる顔が出るまでは
それが私の願いです
私の仕事は感動してもらうことです
仕事は神様です
なぜなら　みんながしあわせになるからです
人の為になるからです
私に生活を与えてくれるからです
私に喜びと生きがいを与えてくれるからです
私は運がいい

本当にしあわせだ
私は人の役に立つ人間です
心の奥からやる気が出てきた
仕事の意義と目標が明確になってきた
私は世界一の明るい人間になる
私は世界一の勇気ある人間になる
私は世界一愛あふれる人間になる
一生懸命　一心不乱
ただひたすらコツコツと
周りの人々につくします
私がやらなきゃ　誰がやる
うれしい　ゆかいだ
やるぞ　やるぞ
もっと仕事をください
ありがたい　ありがたい
今日も一日素晴しい日になります

なぜなら感動と感謝は
私自身の心が作るからです
ありがとうございます

魂を磨くということは、宇宙の法則を理解し、自分と他人を愛し続けること

科学は年々進歩していますが、人間の心、魂の方は二千五百年前のお釈迦様、二千年前のイエス・キリストの時代から全く変わっていません。我々は、未だにあの領域に達することができていないのです。科学の発展を、戦争を例にとって考えてみると、昔は、槍や鉄砲を持って戦っていたのに、現代ではボタン一つで人類を滅亡させるところまで進歩しています。

では、なぜ科学が進歩してきたかと言うと、科学は、我々人間が一から十まで造り上げたものを次の世代に引き継いで、十一から始めることができるからです。それは、現代科学の軌跡を辿っていけば歴然としています。

しかし、魂はそういきません。我々が一生かかって磨き上げても、それはそれで終わりなのです。次の者は、また最初から磨かなくてはならないのです。科学がこのままどん

どん進歩して人間の魂が進歩しなかったら、この先、一体どうなるのでしょう。科学の進歩が、人類の滅亡を生み出す結果になりかねません。そのためには、**我々がそれぞれの魂を磨いて、自分自身の心をどんどん高めていく必要がある**のです。

魂を磨くということは、なにもお釈迦様やイエス・キリストについて頭で学ぶことではありません。

お釈迦様の言う『慈悲の心』、イエス・キリストの言う『愛の心』を現実生活の中で実践していくことなのです。

戦争のほとんどは、自分の国や土地を守るために起こっています。そう考えると、戦争は自国を守ろうとするための愛なのです。人間が人間を傷つけることは愛の変形であり、そのための表現なのです。自分の国を愛する心が強いために、他の国を攻撃しているのです。もし、自分の国を愛する心を世界を愛するという広い心に変えたら、どうなるでしょうか。他の国から領土を奪おうという気持ちがなくなりますから、戦争は当然消えていきます。

これは、我々人間同士にも言えることです。自分を愛するが故に他人を傷つけてしまうのですが、その愛を、自分を含めた周りの人、会社、日本、世界へと広げていけば、自分と同じように他人のことも愛せるようになるのです。**魂は愛であり、我々一人一人の中に**

必ず存在しているのですから、その愛と自分以外のすべての人々の愛とは一体であると自覚すれば、魂は自ずと磨かれていくのです。

私利私欲の商売は失敗し、お客様優先の商売は成功する、それが天の法則

キリスト教をはじめとする多くの宗教では、人間は神の子であると言っています。確かに人間をこの世に誕生させたのは人間ではなく、宇宙の真理であるとしか言いようがありません。人間は神様が生んだ子供ですから、当然、神の子と言えます。

では、その反対に、罪の子というのは一体何なのでしょうか。人間は神の子として神そのものの生き方をすればいいのですが、ほとんどの人間が肉体の煩悩《ぼんのう》に惑わされて、神の子としての生き方ができなくなってしまっています。神の愛の心があるのに、浅い人間心で人を憎んだり恨んだり悩んだりしているのです。それが、我々は神の子でありながら同時に罪の子であるという証拠なのです。ですから我々は、どちらか一方であるとは言い切れないのです。ただ、神の子の部分を強調して生きているか、罪の部分を強調して生きているか、というだけの問題なのです。

人間は放っておくと、調和の心が不調和の心に変わることがあります。それが即ち神の

子であり、また、罪の子である証なのです。ですから、神の子である部分をどんどん引き出してあげると、その分、罪の子の部分は消えていきます。「あなたには素晴しい才能がある」という言葉によって「あなたは何の役にも立たない」という言葉が消えていくのです。このように使う言葉によって消える言葉が違ってくるのです。

ですから、**人々を本当の意味で勇気づけ、やる気にさせるには、神の知恵から出る愛の言葉を使うしかありません。**人間の浅知恵から出る言葉では、人の心を根底から変えてしまうような本当のやる気は出てこないのです。なぜなら、**神の言葉は総ての人々を愛する心でできている**からです。

商売においても同じことが言えます。自分の私利私欲から、暴利で高い値段を付けたりすると、必ずお客様は離れていきます。逆にお客様のためを思い、お客様に喜んで貰うことを考え、それを具体的に行動に移せば、少しずつでも間違いなく繁盛するのです。ですから、自己の金儲けだけに走ったバブル経済は見事に失敗し、整理されています。あれは誰かが整理したわけではなく、ただ法則から外れたために整理されていっただけなのです。

商売を繁盛させるのは、決してそんなに難しいことではないのです。

ただ、ここで気をつけなくてはならないのは、愛を与えることで総てが上手くいくわけではないということです。ただ愛があれば繁盛すると思って愛を振りまいている人がいますが、それでは商売は成り立ちません。全体のバランスを考えた上でお客様を愛し、自分の会社を愛し、働いている人を愛し、そして利益を生むことをしていかなくてはならないのです。利益を出さないで人に与えてばかりいては、結局、不調和を起こし、社員やその家族に迷惑を掛けることになるのです。

総ての物事と調和するための愛を現実社会の中で実践して初めて、本当に人を愛したと言えるのではないでしょうか。

エゴこそ真の愛、エゴを失うと自然界は滅びる

我々は、自分だけを好きになり過ぎると、それはエゴではないかと評価されてしまいます。確かに、エゴかもしれません。しかし、深い意味で捉えると、人間にはエゴが必要なのです。逆に言うと、人間はエゴがないと死んでしまうのです。我々人間は、あらゆる生物、植物を食べて生きています。生きるために他の命を殺しているのです。

例えば、ライオンは肉食ですから、シマウマを殺して食べます。シマウマは草食ですか

ら、大地に生えた草を食べます。一見するとシマウマよりライオンの方が悪いように思えるかも知れませんが、実は同じなのです。そのライオンの死骸が大地の肥料となり、草となってシマウマに供給されているだけなのです。それを人間の浅知恵で、シマウマが可哀相だと決めつけることはおかしいのです。現に、我々は生物を食べて生きています。鯨はダメだけれどサンマならいい、ということ自体がおかしいのです。

この宇宙のありとあらゆる生命は皆、この宇宙のシステムの下で生かされているのです。**我々が他の生物や植物を食べるのは、自分を生かすための愛**なのです。

エゴというのは、総ての生物がもっている愛の心なのです。ですから、エゴを否定して生きていくことはできないのです。感情で否定する人はいると思いますが、自分が生きていることを、事実として否定することはできないはずです。

我々は、まず己を愛する愛を自覚し、次に隣人を愛し、世の中を愛し、地球を愛し、宇宙を愛していくことが大事なのです。人間は自分の心にあるものしか見えませんから、愛のフィルムで相手の心を見ると、相手の素晴しい愛の側面が見えてきます。花を見て美しいと思うのは、自分の中に同じような美しさがあるからなのです。我々の中にあるエゴは自分を愛する心であり、世の中にある総てを愛する心でもあるのです。他人を愛する心と自分を愛する心は同じものなのです。同じ愛するという心のフィルムで見ると、自分も他人もなく、元々、本当は一つであるということがわかるはずです。

かつての日本も、愛国心が強いために他の国と戦争を起こしました。自分の国を愛する心というのは当然、必要です。また、大切な心です。しかし、自分の国だけ愛して他の国まで愛さなかったために、戦争になったのです。これからは、**愛国心と同時に『愛世界心』が必要**なのです。日本だけ、という一部分だけを見た小さな心でなく、世界全体を見ることのできる、大きな心が必要な時代になってきたのです。

ロケットで地球を反対から見ると、地球は一つしかない、国境も宗教も人種もない、世界は一つである、ということを実感するはずです。ですから、エゴが悪いというより、己を愛する心、日本を愛する心、世界を愛する心…と広げていくことが、これからの人間の本当の生き方なのではないでしょうか。

奪うセールスではなく与えるセールスをする

まだ私が化粧品のセールスマンになりたての頃、着物の着付け講習会と銘打ってお客様にダイレクトメールを送り、その会場で化粧品を販売するというイベントが開かれました。

しかし当日、会場には誰も集まらず、あわててセールスマン全員が会場の外でキャッチセールスをすることになったのです。突然の事態に言葉が決まらず、先輩の誰一人として お客様をお連れすることができませんでした。

私は新人だったので、プラカードを持って立っているだけでよかったのですが、黙って見ているうちに自分にもキャッチセールスができそうな気がして、先輩に頼んでやらせてもらうことにしました。最初のうちは私の声に誰も反応せず、皆同じ顔に見えていたのですが、何度かやっているうちに、相手の顔の動きが解るようになってきたのです。

どんな言葉を掛けると相手が反応するのかが解ると、掛ける言葉の数が絞れてきました。「無料です」「帰りにおみやげが出ます」「ひやかしでも結構です」「すぐそこです」「着物の着付けがタダで習えます」…このような短い言葉をポンポンと相手の前に投げ掛けました。すると少しずつ、ついてくる人が出てきて、結局、私一人でその会場を一杯にしてしまったのです。

この一件で私は会社や先輩に認められ、大変感謝されました。しかし、逆に私はこの体験を通して、セールスの基本という、かけがえのないものを学ばせてもらっていたのです。私にとって一番よかったのは、下手に他人に教えてもらわなかったことです。教えてもらうということは、その教えた人の観念や体験を身につけることとなのです。それも確かに必要なのですが、一番必要なのは、お客様の波長とピッタリ合っているかどうかということです。

お客様の求めていることを知り、お客様のニーズを言葉にし、それをお客様に喜んでいただけるようにどんどん改善して、返してあげることが必要なのです。

お客様も我々と同じように、『得をしたい』と思っているのです。商売人だけが得をするということはお客様が損をすることに繋がりますから、得をしたいという気持ちはお客様に警戒心を与えることになるのです。取ろうと思うから、取られると思われるのです。

奪うセールスではなく与えるセールスをすれば、どこへいっても必ず歓迎されますし、それによってあなた自身が高まり、間違いなく商品が売れるようになるのです。

調和の力こそ無限の力を生む

北海道に、ジンギスカンのたれを製造販売している会社があります。

その会社の社長が私のセミナー（『真我開発講座』）に参加され、大変感動して帰られました。そして、この感動をぜひ社員全員と分かち合いたいとおっしゃられ、社員研修という形で毎月、二、三名の社員を定期的に受講させてくださっています。その社長からある日、一通の手紙が届きました。

「拝啓　佐藤先生、只今、一月二十五日、午前四時二十分です。なぜか涙が止まりません。昨日、先生のセミナーを受講した社員が帰って参りました。彼らの顔が、他の社員と同じように、すっかり変わっておりました。ありがとうございます。私にも本当に感謝してくれています。佐藤先生のお陰です。今、横になりながらセミナーに参加した仲間の顔を一人一人思い浮かべていると、なぜかベッドの中で涙が止まらなくなりました。私に感謝してくれている仲間の顔を思い出すと、涙が溢れてくるのです。自分のような者に対して、『社長、社長』と慕ってくれる。毎日、一生懸命頑張ってくれている社員の顔を思い浮かべると、涙が止まりません。今、本当の仲間ができているように思います。先生のおっしゃる、愛と調和を感じています。私は頑張ります。みんなが幸せになれる会社を作ります。『働いて本当によかった』と思ってもらえるような会社にしていきます。みんな、本当にありがとう。佐藤先生との出会いに魂の底から感謝し、お礼を申し上げます。

本当にありがとうございます。今、どうしてもこの気持ちを書きたくてペンを執りました」

この方はいつもニコニコされており、どちらかというと、おとなしい、物静かなタイプの社長です。しかし、人間のパワーというのは、声の大きさや腕力や態度のように目に見えるものだけではないのです。私のセミナーに参加して、「社長のために何とか頑張りたい」

「社長が大好きだ」と言っている社員一人一人のパワーが、そのまま社長に繋がっているのです。

本当のパワーとは、愛でできているのです。

社長は社員のために頑張り、社員はその社長を見て頑張る。この単純な心の法則こそが、我々のパワーの源なのです。

愛の心は無敵の心、敵がいないから人生自由自在

『無敵の心』、これは『愛の心』と言ってもいいでしょう。世界中の人を愛していたら、敵など存在しません。ですから、これを『無敵の心』と言うのです。決して、腕力や武力が強いことではないのです。我々人間は、生まれながらにしてこの『無敵の心』をもっているのです。それは魂のことであり、総ての人に共通する愛の心なのです。

しかし、我々には邪心や人と争う心が常につきまといます。だからこそ、総てのこと、心の全体を知らなければいけないのです。全体を知れば、なぜ、そういう邪心が起きるのかはっきりと解るのです。全体を知らなければ、むしろ、人間にはこういう邪心があった方がいいとさえ思いかねません。**本当に全体を知ると、人を憎んだり恨んだりすることは**

実は、愛されたい、よく思われたい、という心の変形であることが解るはずです。

かつて私のところに、赤ん坊の頃、寺の門前に捨てられ、両親を大変憎んでいる女性が研修を受けに来たことがありました。私はその方に、「魚を見なさい。みんな、生み捨てじゃないか。大人になってもベタベタと育てているのは、人間だけなのです。だから、人間は一人前になるのに時間がかかるのです。あなたは、自分の置かれた境遇に感謝して、産んでもらっただけでもありがたい、という気持ちをもって生きていくべきなのです」と言いました。その方は、研修中、たくさんの涙を流されましたが、その涙は、彼女の中に深く棲み着いていた恨みの心を、産んでくれたことへの感謝の心に変えてしまうものでした。

その後、ご自分で経営されている事業の売上げが三倍になったという、嬉しいお手紙をいただいております。

このように、**人間は摩擦が大きい分だけ、研ぎ澄まされる**ものなのです。我々が思う成功・不成功、幸・不幸は、総て人と人の関わりから生じているのです。したがって、総ての人を愛する心、『無敵の心』で毎日を過ごしていれば、必ず成功し、幸福になっていくのです。

親を大切にするのは先祖を大事にすること、成功者に親不孝者なし

私は、北海道の美唄《びばい》という炭坑の町で生まれました。父親が長く戦争に行っていたせいか、家は大変貧乏でした。ある時など、家が傾いているのを、父親が丸太で支えていたほどです。小学生の時、あまりにも家がボロだったので、両親は奮起し、昼夜を問わず働き、三年後に新しい家を建ててしまったのです。そのことを三十二歳の時に父親から聞かされ、私は涙が出るほど嬉しかったことを覚えています。

心から、ありがたいと思いました。

事業を始めた頃、大きな壁にぶち当たり、心のドアが総て閉じ、心の死を体感するまで悩んだことがあります。ある方に相談したところ「お父さんに一本、電話を入れてみるといい。できたら、お母さんのお墓参りもしてきなさい」とアドバイスをいただきました。その時は、それにどういう意味があるのか解りませんでしたが、藁にもすがる思いでしたので、その通り実行してみました。事業のことなど何もわからない父親なのに、声を聞くだけでなぜか、すさんでいた心が楽になってきたのです。これは何かあると思い、すぐに帰郷し、母親のお墓参りをしました。すると不思議なことに、心の中からふつふつとやる

気が出てきたのです。これは一体何なのだと、その問題について自分の心を追求していった結果、大切なことに気がつきました。両親と自分との関係は我々人間が作ったものではなく、生まれた時既に決まっているものです。ということは、神が作った人間関係だとしか言いようがありません。

その両親を大切にしない人間が、人を大切にするはずがありません。人を大切にしない人間が、成功するはずがありません。**我々にとって、両親との関係は、人間関係の原点な**のです。**大地が神様で根っこが両親だとすると、根っこを無視して花や実をつけることは不可能**なのです。その根っこのパイプを切って生きるということは、感謝の心を忘れるということですから、放っておくと枯れてしまうのです。

そのことを悟った時、私の心の底からある言葉が湧き出てきました。私はこの言葉を『原点の心』と題し、常に心の指針として活用しています。

『原点の心』

ありがとうございます
ありがとうございます
お父さんありがとうございます

お母さんありがとうございます
今まで本当に苦労ばかりかけてごめんなさい
私は今日から本当の親孝行をするつもりでいます
その本当の親孝行というのは
私が世の中に　また　社会にお役に立ち
そして　本当にやりたい夢や目標を実行することです
今までは何もしてあげられず
ただ　してもらうだけの私でしたけれど
今日から私は変わります
魂の奥の底の底から私は決意しています
必ずや社会にお役に立ち
愛にあふれた人間になることを
私は今まで感謝が足りませんでした
こんな素晴しい心と肉体という
最高の財産をいただいたのに
それを感じとる心が足りませんでした

今日、本当にそれを感じとり
今までの百倍の力を出し
素晴しい私に
素晴しい華を咲かそうと思います
これが本当の親孝行だと感じています
お父さんありがとうございます
お母さんありがとうございます
私は必ずやります
真心をこめて
私が病気の時
お医者さんのところに真っ青になって飛んで行ってくれましたね
私が勉強ができない時は本当に心配してくれました
いたずらをして困らせたこともありました
いまだに私は心配をかけています
情けない私です
私のために白髪も増えましたね

頭も薄くなりましたね
しわも増えましたね
私は今本当の決意をしなくてはなりません
そうでなければ
きっと後で後悔をするでしょう
なにも心が解らなかった私
自分のことしか考えなかった私
本当にはずかしいです
まず私が本当に幸せと成功をつかみ取ることが第一歩だと思います
今日から私には
全く新しい皮膚や細胞が生まれました
人の喜びと痛みが解るようになってきました
お父さんお母さんから受け継いだこの魂を
最高のダイヤモンドとして輝かせて
次の世代に伝えていきます
私は今日から太陽になります

明るい人間になります
明るい社会を作るために
私は全力投球をします

第二章
無限の力を知る
――人間の力はあなたの思った分量だけ出てくる

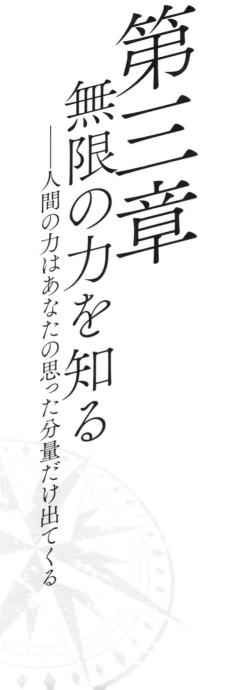

人間の能力は無限、使えば使うほど増えていく、そんな『打ち出の小槌人間』になろう

人は努力したり頑張ったりすると、損をした気持ちになる人が多いようです。仕事をする場合でも、ちょっと残業を頼まれただけで嫌な顔をしたり、何か損をしたように捉える人がいますが、私に言わせると、とんでもない間違いです。それは会社の給料で計算した世界しか知らない、浅はかな、狭い考えの人でしかありません。もっと命の部分で捉えると、残業を頼まれたら自分自身の能力を高めるチャンスを与えられたと思って、そのチャンスを活かしきるくらいの姿勢が必要なのです。

命というのは、使えば使うほど増えるようになっているのです。そういう意味では、**人間の筋肉と同じ**です。筋肉を使ってだんだんやせ細ってしまったという話は、聞いたことがありません。**私たちの心、考え方、魂も、使えば使うほど磨きがかかり、逞しくなっていく**のです。

しかし、使う際に一つだけ気をつけなければならないことがあります。それは、正しい使い方をするということです。

例えば、お金をできるだけ使わないでその分、貯金していくと、確実にお金は増えます

が、あまり大きくは増えません。しかし、それを自分の能力を高めるためや、人に喜ばれるために使っていくと、通帳には残りませんが、確実に自分や周りの人々の中に活き、使った分より多く戻ってきます。ですから私たちの命、愛、努力やお金…総てのものは、正しく活かして使っていく必要があるのです。そうすれば、一時的に減っても、必ず増えて戻ってきます。

わずかばかりのお金を大切にするよりも、**自分の中に隠された無限の能力を自分で引き出すことの方が、永遠、そして無限の財産**なのです。なぜなら、その財産は出せば出すほど増えていき、お金も人も後からどんどんついてくるからです。このような財産を使える人を、『打ち出の小槌人間』と私は言っています。打ち出の小槌人間とは、外から何かをつけ加えるのではなく、振れば振るほど中から湧き出てくる人のことを言います。そのような人は、裸一貫で他の国に連れていかれても、物心両面で豊かな人生を送ることは間違いありません。

このように我々は、目に見える小さな財産に振り回されず、自分の中に眠っている、絶対に減らない無限の財産をどんどん開拓することに喜びと生き甲斐をもち、二度とない一度の人生を素晴しいものにするために力を注いでいくべきなのです。

自分の考え方、態度、行動を変えれば、相手も必ず変わる

私がまだ宝石のセールスをしていた、二十三歳の頃のことです。地方の中華料理店に飛び込み、そこの奥さんに一生懸命、宝石のセールスをしたところ、その奥さんが、ある指輪を気に入ってくださり、今にも売れそうな雰囲気でした。もう一息で売れると思った瞬間、その家のドアチャイムが鳴りました。奥さんが「どなたですか」と言うと、「〇〇自動車の吉田です」と言う声が聞こえてきました。

そして、大手自動車会社の三十代半ばのセールスマンが入ってきたのです。私はこの奥さんと初対面でしたが、そのセールスマンは顔見知りのようでした。しかし、私の方が先客ですから、構わずセールスをしていましたら、そのセールスマンが私の隣に座り、私に名刺を見せてくれというのです。私は、自分の名刺を差し出しました。すると、私の顔と名刺を見比べながら、「あなたのような若い人が何十万とか何百万の宝石を持って歩いても、売れないでしょう。奥さん、宝石というものは、もっと信用のあるところから買わなくてはだめですよ。こんな石ころだか何だかわからない物を、どこの馬の骨だかわからない人から買って、万が一トラブルが起こったらどうするんですか」と言うのです。

その言葉を聞いて、奥さんの買う気がスーッと冷めていくのがわかりました。「そう言われればそうね。買うのはまた今度にするわ」と言われてしまったのです。セールスで「今度にする」ということは、「もういらない」ということなのです。

彼は同じセールスマンでありながら、今にも売れそうだった私のセールスの邪魔をしたのです。私はその時、頭にカーッと血が上りました。「ふざけやがって、この野郎。いくら自分が大手のセールスマンだからといって、他の会社や人のことをバカにすることはないじゃないか」。私も若かったので、よほど、このセールスマンを表に連れ出して殴ってやろうかと思いました。しかしその時、なぜか私の心にブレーキが掛かったのです。「待てよ。私は自分を磨くためにセールスの仕事をしているのだ。このセールスマンと喧嘩をしても、何も得られないじゃないか」と思い、心のチャンネルを切り替えました。よし、考え方を変えよう。このセールスマンに責任を取ってもらおう。責任を取ってもらうということは、このセールスマンに宝石を買ってもらうことだ。よーし、何が何でも絶対に買ってもらおう。それも、明日とか明後日ではなく、今日中に絶対にと、心に誓ったのです。

その時、私にははっきりした目標ができたのです。しかし、脅かして売るわけにはいきませんから、気に入られるしかありません。私はニコッと笑顔をつくって、「先輩、私はまだ未熟ですから、セールスのことをいろいろ教えてください」とペコリと頭を下げ、そのセールスマンの靴を磨いたり、煙草に火を点けたり、鞄を持ったりして、その人に一日中付いて回りました。私は「さすが先輩、違いますねー」と相手を立てながら、相手の話す言葉をメモに取り、気に入られるようにしながら、合間、合間で宝石のセールスをして、とうとう相手の家までついて行ったのです。

家には、奥さんとお嬢さんがいました。私はその奥さんに宝石を見せながら、全力でセールスをしました。「奥さん、宝石というのは将来、お嬢さんの一番の形見になるのです。形見というのは、奥さんが長年身につけていた物をお子さんに残していくことなのです。それが、結果的にお母さんの心となって、代々その家に残っていくのです。ですから、お嬢さんがこの指輪を見る度に、お母さんのことが心に浮かぶはずです。なぜなら、これは指輪でも宝石でもなく、お母さんの心そのものだからです」と、私は必死になって思いつく言葉を総て並べて一生懸命セールスをしました。

追い出されそうになると話題を変え、何とか相手に好かれるように心がけながらセールスをしていると、アッという間に夜の十一時になってしまいました。奥の部屋では、そろそろ帰れと言わんばかりに奥さんが布団を敷いています。それを見て私は「なにくそ！よーし、もし家族が皆布団に入ったら、私は朝まで枕元でしゃべり続けてやるぞ」と心に誓い、必死になってセールスを続けました。今日中に売るには、あと一時間しかありません。私はさらに気合いを入れて、全力でセールスをしたのです。

その結果、ついに夜中の十二時、当時の値段で四十万円のダイヤモンドを買ってくれたのです。私は、自分が必死になるとどこまでできるのかという極限に全神経を集中させて挑戦していましたので、その家から出た途端、フラフラになって倒れそうでした。

その時「待てよ。私が持っている商品には、二、三万円の安い物もあったのに、なぜ、馬の骨とか石ころ呼ばわりしていた人間から、四十万円もするダイヤモンドを買ってくれたのだろう。そうか。相手は私の話を聞いて、本当に宝石が欲しくなったのだ。ということは、相手が変わったのではなく、私自身の心が変わったことによって相手の心が動いたのだ」と私は初めて気がついたのです。気がついた途端、疲れが吹っ飛び、嬉しくて嬉しくて足どりが軽くなってきました。

私はこの経験を通じて、どんなことでも、実は総て自分の心の問題であるということを感じとったのです。

この体験は、現在の私を形成するための土台になっていると言っても過言ではありません。そのくらい、この体験は私に多くのことを学ばせてくれました。あのセールスマンを、最初は「この野郎、絶対に許さないぞ」と思っていたのですが、帰る頃にはすごくいい人に見えていました。

相手は何も変わっていないのに、自分の心が変わることによって、その人が悪い人からいい人に変わってしまったのです。**結局、総ては自分自身の心が決めている**ということに気がつきました。

商売とは、セールスとは、町を開拓するのではなく、自分自身の心を開拓することなのです。昨日までとは全く違う新しい自分、今までできなかったことに囚われることなく、体験の中から生まれてくる新しい自分を自分で発見し、心の在り方や考え方を開拓していく作業なのです。

私は最初、あのセールスマンは嫌な奴だと思っていたのですが、無理矢理笑顔を作ったり相手に合わせたりしているうちに、だんだん、心から相手のためを思っている動きに変わってきていることに気づきました。無理矢理でも態度や言葉をつくっていると、自分の心が変わっていくことがあるのです。私の心からの誠意が、そのセールスマンだけでなく家族にも伝わり、結果的に販売につながったのです。

何かを販売する場合、決して一人の心だけで結果が決まるものではありません。その人を取り巻くあらゆる人たちを味方に引き入れることが、何事も上手く運ぶための一つの秘訣なのです。

また、物を販売する場合には、単なる理論、理屈を述べる以前に、その物が好きか嫌いか、という感情があります。この体験の場合でしたら、「宝石は代々残っていくものです」とか、「その宝石を見ると必ずお母さんのことを思い出すものです」というように、単にその物の説明をして好き嫌いを判断させるのではなく、その人にとってその物がどのような意味で大切なのかという、相手の一番深いところに届くような話をすることによって、相手の心が商品に近づいていったのです。

私は最初に、馬の骨とか石ころとか言われた時、頭にカーッと血が上ったと書きましたが、それも一つのチャンスでした。カーッと血が上るということは、それだけで一つの戦力なのです。その戦力が、絶対にこの人間に買ってもらおうという強固な意志になり、しかも今日中に、という、普通では考えられない期限設定につながったのです。人間は、カーッとなることによって怒ったり、他人を傷つけたり、自分自身が緊張して冷静でいられなくなったりすることがありますが、逆にその勢いを利用して、相手に物を売り込む情熱に変化させることもできるのです。私が相手に理解してもらうために一生懸命になれたのは、一瞬、頭に血が上ったあのエネルギーがあったからだと言えるでしょう。

私にとってこの日は、**未だかつてこれだけ頑張ったことはないという一日**でした。そう言い切れるくらい、情熱とパワーを出しましたし、命がけで誠意を尽くしました。この体験は私に、自分さえその気になれば、いつでも誰にでも自由自在にセールスができるという自信と勇気を与えてくれたのです。

ですから、その後の人生の中で、何か辛いことや苦しいことがあってうまく行かないような事態に陥っても、私が本気になってあの時のように頑張れば必ずできる、と思えてくるのです。この体験は後々のセールス人生において、まさに『見本の一日』であり、いろいろな場面で私に勇気と不屈の精神を与え続けてくれています。この私の体験談を各地で講演する際にお話しさせていただくと、多くの人が勇気づけられたと喜んでくださいますが、実は、皆さんもその気になれば、いつでもこの『見本の一日』を作ることができるのです。**これを、単なる私の体験談として聞くのではなく、「自分もそうできるのだ」とはっきり意識することによって、道は無限に開けてくる**はずです。

人間の力はあなたの思った分量だけ出てくる

私たち人間には本来、どんな人の中にも無限の力が備わっています。それは、**自分の中にある力を自分で認めたら、認めた分量だけ出てくる世界**なのです。しかし人間は、自分の中に百の力があるのに、ほんの五%か一五%くらいしか力を出していない、と言われています。ほんの少ししか力を出していないのに、自分の貴重な人生を「こんなもんだ」と思って終わらせてしまう人がほとんどなのです。

残りの九〇%近くを自分の中に眠らせたままあの世に行ってしまうのは、実に寂しいことです。

例えば、自分の家の中に百万円あったとします。しかし手元に十万円しかなく、残りの九十万円は自宅の押入のどこかにしまってしまい、そのことをすっかり忘れてしまったとします。忘れてしまったのですから、その人にとってはそれはゼロと同じことです。本人は十万円しかないと思い込んでいますが、残りの九十万円は確実に持っているのです。十万円しかないと諦めるか九十万円あると思うかは、本人次第なのです。本人がどこかにあると認めれば、元々あるお金ですから、必ず見つけて使うことができます。この場合、十万円しかないと思っている人と百万円あると思っている人とでは、生活や考え方が違ってきて当然です。

潜在能力も、自分の中に残りの九〇%があるんだ、素晴しい力があるんだと認めれば、少しずつでもその力が出てきます。**そういう力が自分の中にあると認めることが必要**なのです。**自分の素晴しさを自分で認めたら、認めた分量だけ出てくる**のです。人生の成功と失敗は、そう思うか思わないかの僅かの差で決まるのです。

ボクシングの元世界へビー級チャンピオンで、モハメド・アリという人がいます。彼の映画を観たとき、ラストシーンで私はとても感動しました。アリのトレーニングの時のことです。彼はこう自分に言い聞かせます。「私は走る。走って走って走り抜く。そして、私はいつか疲れて倒れる。それでも私は起きあがって走る。そして、また走る。また倒れる。また起きて走る。しまいに私の足は感覚がなくなり、心臓が高鳴り、まさに気絶しそうになる。そして、最後に私の足はぴくりとも動かなくなる。さあ、これから私の本当の練習が始まるのだ」。

世界のナンバー・ワンになる人は、普通の人が限界と思う時が出発なのです。最初から考え方が違うのです。

マラソンでも、一位になった選手は旗を持ってグラウンドを一周していますが、後からゴールした選手はばったり倒れてしまいます。実は同じくらい疲れているのに、結果が全く違ってしまうのです。

このように人間の潜在能力は、自分が思っているよりも、はるかに多く眠っているのです。ですから、**自分にはまだまだ力があるのだと、自分で自分の力を認め、引き出していくことによって、本来備わっている総ての力を百%使うことができるようになる**のです。

どんな人間も心の中に『魂』というダイヤモンドをもっている

私がまだ宝石会社で課長として働いていた頃、社員を募集するというので広告を出したことがあります。四人を面接し、二人は決まったのですが、残りの二人はあまりにも態度が悪いため、不採用となりました。そのことを電話で伝えた直後、本人から電話がかかってきました。「何とか、おたくの会社に入社させてくれないか」と言うのです。「すみません、もう採用者は全員決まりましたので、またの機会にお願い致します」と断ると、また電話が鳴り「どうしてもお願いします」と言うのです。

私もこんなにしつこい人は初めてだったので、何かあるかもしれないと思い、私が教育するという条件で、不採用の二人を入社させることにしました。私は、自分に挑戦するつもりで、さっそく二人を連れて出張に出かけました。旅館に到着して、まず二人を正座させ、「今日から、あなた達は私の部下だ。だから、私の言うことを忠実に守ってほしい。私の話に納得がいかないとか聞きたくないと思ったら、十分以内に帰ってくれて結構だ。だが、私の話を聞いてその通りに実行するなら、普通の人の倍以上の収入を取らせてみよう」と言ったのです。

二人ともその場では「絶対やります」と言っていたのですが、いざ始めてみると、言ったことは聞かない、やることもやらない、注意すると私の後ろで私を蹴る真似をする、その上、全く礼儀を知らない、といった状態でした。さすがの私も、これは普通のやり方では駄目だと思い、わざと私用を言いつけたのです。普通であれば私は部下に私用をやらせないのですが、この二人にはそのくらいの厳しさが必要だと思ったのです。ご飯をよそえ、布団を敷け、靴を磨け、と威張り散らしました。最初のうちは、彼らは全く言うことを聞きませんでした。こうなったら、私と彼らの我慢比べです。

ご飯をよそわなければ食べてはいけない、布団を敷かなければ寝てはいけない…こんなことを続けているうちに、とうとう少しずつ彼らは言うことを聞くようになっていったのです。

そこで私は毎朝、二人を表に連れ出し、営業に出る前の心構えについて徹底的に話をし、彼らの顔が赤くなって闘志が燃えてくるのを確認するまでしゃべり続けました。そして、いざ営業に出ると、道を歩いていて突然知らない家を指し、「この家に入って、十五分間出てくるな。何を喋っても構わないから、絶対に十五分間、家の中にいろ」と言って時間を計るのです。

他にも、居酒屋で他の人が食べているものを貰ってこさせたり、新幹線の中を裸足で歩かせたり、世間で言う恥ずかしいということを克服させるためにいろいろなことをやらせました。一日の営業活動が終わると、今度は身体を鍛えるために腹筋運動や腕立て伏せをさせ、苦しい顔をしたらすぐその後に「はい、笑顔の練習」と言ってニッコリ笑わせたり、真夜中、寝ているところを起こし、突然の事態でも笑顔が作れる練習をさせたりしました。

そんなことを一年間続けていたら、二人の成績がどんどんよくなり、とうとう上位五番以内に入るようになったのです。彼らもその頃になると、私の言うことに確信をもつようになっていたのでしょう、私が喋り出すと手帳を持ってメモをとり、黙っていても実行するようになりました。

私は彼らを見ていて、人間の可能性の大きさを痛感しました。あれほど悪評高かった人間がここまで変わるとは、当初、誰も想像できなかったことです。我々は人を評価する際、我々の目で確認できる範囲だけで総てを決めつけています。**その人の中に素晴しいダイヤモンドがあるのに、たまたま埃をかぶっているだけだ**とは思ってあげられないのです。私はこの二人との出会いによって人を育てる自信と喜びを実感しましたが、それ以上に、人間が人間を評価することの難しさを学んだのです。

あなたの中にも既にある『命のやる気』を引き出せば、どんな夢でも必ず実現する

私が宝石のセールスマンをしていた頃、北海道の実家が火事で全焼したことがありました。私が到着した時、家は既に灰になってしまっていました。父は祖母を抱えて逃げたのですが、残念なことに祖母は亡くなってしまいました。しかも、火災保険にも何も入っていなかったため、この火事で全財産を失ってしまったのです。

祖母の葬儀の時、遺影を見ながら黙って坐っていると、突然、不思議な心が湧き上がってきました。それは、頭のてっぺんから足の爪先まで、自分でも信じられないくらいのパワーとなってメラメラと湧き上がってきたのです。

私は末っ子なのですが、どういうわけか「このままでは佐藤家が潰れてしまう。俺が何とかしなくては」という心の叫びが魂の底から湧き出てきたのです。私はとりあえず自分の貯金を総て下ろし、それを全部、父親に渡して帰ってきました。

それからの私は、まるで火の玉のようになって営業に打ち込みました。その結果、靴は一か月で穴が空き、「今に見ていろ、今に見ていろ」と口癖のように言い続け、いつも歯を食いしばっていたために歯が斜めに擦り減ったり、夢中でセールスのことを考えながら

歩いていたため看板にぶつかったり、下水に落ちたりすることもしょっちゅうでした。そうやって全知全能を傾けた結果、アッという間に一千万円というお金が貯まり、そのお金で九坪の店を手に入れたのです。

私はこの体験から、本当のやる気がどこから来るものなのか気づきました。本当のやる気とは、ご先祖様から両親へ、そして我々へと引き継がれている大切な『命』の中から湧き出てくるものなのです。

よく会社の中で、やる気を引き出すためにいろいろな手段を講じていますが、そんなものは所詮、表面のやる気でしかありません。**本当のやる気というのは、自分がやらなければ皆が路頭に迷う、親が恥しい思いをする、というような心の底から湧き出てくるものな**のです。これからの企業は、この命のやる気を引き出すことに全力を傾けるべきなのです。

『命のやる気』が運を呼び限界をブチ破る

私が社会に出てから体力的に一番頑張ったのは、定時制高校に通った四年間でした。

朝五時に起き、コックの仕事をして、ボディビル道場とボクシングジムに通い、夕方五時三十分からは定時制高校で勉強、その後クラブ活動をして、寝るのはいつも夜中の一時でした。

睡眠時間は毎日四時間。ですから、その頃の私は常に睡眠不足の状態で、毎晩寝る前に必ず目覚し時計を三つセットしていました。

しかし、あまりの睡眠不足に、目覚し時計を全部止めてまた寝てしまうのです。困った私は、ステレオのボリュームを最大にしてタイマーをセットし、その周りにバリケードを作って、ステレオが鳴ると、まずそのバリケードをどけなければ止められないような仕掛けを作るなどして四年間、寝坊しないための努力を必死に続けました。そのお陰で、一度も休むことなく無事、卒業することができたのです。

若い時の頑張りは総て、自分に貯金されていくものなのです。その後、ボクシングのチャンピオンになることも真剣に考えたのですが、人を叩きのめしてチャンピオンになるより、人に喜ばれてチャンピオンになりたいと思い、商売の道を選びました。

私はまずそのための布石として、コックとして働いてためたお金三十万円を全部下ろし、ある化粧品会社を訪問したのです。たまたま、応対してくださった専務に、「この三十万円で私に化粧品を売ってください」と頼みました。当時のお金で三十万円は大金でしたから、さすがに専務も驚いていた様子でしたが、私の話を全部聞いてくださり、最後には大きな声で「うん。あんたならできる」と言ってくれたのです。当時十八歳の私にとって、その言葉は何より嬉しいものでした。私はコンプレックスの固まりでしたから、やりたいと思っていてもやれるとは思っていなかったのです。

専務が言ってくださったたった一言、「あんたならできる」という言葉が、その後の私を励まし続けたのです。私は改めてある化粧品会社に入社し、飛び込み訪問から始めることにしました。いざ始めてみると、恥しくて一軒も訪問できない日が三日間続きました。そのことで先輩から、「お前のような奴はセールスは無理だから辞めてしまえ」とさんざん罵倒され、心の底から悔しい思いをしました。その悔しさから、翌日、がむしゃらに三百軒近く訪問し、誰彼構わずセールスをしたのです。すると、その日から少しずつ売れ出し、一か月後には新人賞をいただくまでになりました。

人間の力は、どこまで出しても「これまで」ということはないのです。**過去の『精一杯』は、自分の努力によりどんどん塗り替えられる**のです。そうやって積み重ねた結果が、現在の我々の自信とやる気に繋がっていることを、私は体験を通じて体感したのです。

自分が高まれば周りのボルテージも高まる

私はよく、話だけで人を変えてしまうことがあります。以前、ある社員が、先輩に対する不満を言いに来ました。私はその社員の心の中が空っぽになるまでその不満の話を聞き、その後ゆっくりこう言ったのです。「そんなに悪い先輩なら話は簡単だ。その先輩を追い抜いてしまえばいいのだ。それだけ出来が悪い先輩なら、すぐに追い抜けるだろう。あなたの上に素晴しく出来のいい先輩がいるよりも、むしろチャンスではないか。その先輩に勝つ、勝たないの問題ではなく、自分の力で、自分の現状を変えていく貴重な体験だと思って全力でやってみなさい」。私の話が終わるか終わらないかの内にその社員の顔がパァーッと明るくなり、やる気に満ち溢れてきました。その後、その社員は生きいきと働いてくれています。

我々は、いろいろな物事の原因を、他人のせいにすることがほとんどです。しかし、いくら他人のせいにしても、それを引き寄せている自分がいることを忘れてはなりません。**自分のせいでも、他人のせいでも、原因を作っているのは他ならぬ自分**なのです。だとしたら、**現実に現われてくるあらゆる問題、出来事は、総て自分の心の中から生まれていることを自覚し、それを解決する勇気と、決断と、行動力を身につけなくてはならないの**です。

それを自覚しなければ、いつまでも人のせいにする苦しみから逃れることはできないのです。

上役と社員の関係も同じです。上役は、社員に過度に期待してはなりません。自分が成長することだけを考えていれば、自ずと寄ってくる社員が変わってくるのです。今いる社員の能力が手に取るように解り、より正当な判断を下せるようになるのです。自分の次元が低いために、素晴しい社員の存在がわからない上役は上役失格です。上役は社員に甘えるのではなく、まず自分を磨き、高めることが第一優先順位です。しかし、それと同時に、社員の能力を認め、それぞれの力を信じ、必要な時に必要な力を借りられるようでなければなりません。また社員は、その会社にいる以上は、上役が何を言わんとしているのかを何よりも一番最初に理解し、そしてそれを現実に実現するために全力投球しなければなりません。

我々は、お互いに何かしてもらうことを求めるのではなく、自分が、自分のために、何をすべきかを考え、行動しなくてはなりません。それが結果的に、自分の周りに影響し、周りの次元を高めることに繋がるのです。

悩みを問題意識に変えると悩みが解決する

よく、小さなことを一所懸命悩んでいる人がいますが、悩むということは悩みについて考えることですから、考えた分だけ悩みの量は増えるのです。

それはちょうど、雪だるまのように膨らみ、しまいには恐怖に変わっていきます。恐怖心は妄想を生み、ありもしないことを考え、その結果、身体のバランスを崩し病気になる人もいます。

私の場合は、常に、この悩みを問題意識に変えてしまいます。そうすることによって悩みは解決すべき問題点に変わり、解決策として考えていけるのです。悩みを紙に書き、その隣に解決策を書きます。悩みを見ないで解決策の方だけ考えると、自然と悩みは消えていくのです。ちょうど、暗闇で明かりを点けるのと同じです。明かりを点けずに、暗闇だけどこかへ持っていくことは不可能なのです。明かりを点けるとその瞬間に、暗闇は消えるのです。

同じように我々人間の心も、明るく前向きな心で人を見ると、恨み、憎しみの心は消えていきます。明るい心と暗い心は同居できないのです。心というのは、どちらか一つを選ぶしかないのです。悩みながら感謝することなど、できないのです。どちらかを選んだ瞬間、もう一方は自ずと消えていきます。

また、解決策をあれこれ考えることによって、悩みを、自分を高めるためのゲームに変えてしまうことができます。そうなると、それに立ち向かうことが楽しくなり、今まで体験していないことに挑戦する勇気が湧いてくるのです。

考えようによっては、悩みは、自分自身を高め、成長させるための手段として捉えることもできるのです。

悩みというのは、一つの妄想であり、まだ現実に起きてもいないことを自分で勝手に思って想像してしまう恐怖のフィルムなのです。しかし、我々の心は、思っているだけでそのフィルムが映像として現実に起きる可能性があるのです。

ですから、悩みはできるだけ早く、しかも、現実に現われる前に解決し、いい心のフィルムを現実社会の中に現わすよう努力するべきなのです。

心の中の『完成図』通りに行動すると成功する

絵を描いた時、出来上がりを見て、どうも違うなと感じることがあります。それは、既に自分の心の中に完璧な完成図があるからです。

我々は、知らないうちに心の中の完成図と現実を比較して生きているのです。人間の生き方も同じように、現在の心の状態が現実の生き方として現われているのですが、もっと奥の世界から見ると「こう生きたい」という完成図があって、それと比較しながら生活しているのです。スポーツに譬えると、ボクシングの選手は闘って相手を倒します。勝者は飛び上がって喜びを表現していますが、敗者は起き上がってもフラフラしています。マラソンでも優勝者は旗を持って場内を走り回っていますが、敗者となった人はゴールと同時に倒れ込んでしまい、介護が必要なほどです。

しかし、この現象を深い次元から見ると、敗者であっても肉体的にはそれほど疲れていないのです。負けたという現実が、自分の心の中の完成図との間にギャップを生み、疲れとなって現われているだけなのです。

物事は本気で取り組めば取り組むほど、いい結果が出るようになっています。しかもその結果は、我々にさらなるやる気と英気を与えてくれます。したがって、いい加減なことをしていると、いい加減な結果しか出ないため、心ががっかりし、それが疲れとなって、諦めに繋がるのです。

人間の力はどれだけ出しても、まだその百倍くらいのエネルギーが残っていると言われています。**本気で取り組む人間、一所懸命にやる人間は、必ず周りにいい影響を与えますから、反対に周りからもいい援助を受けることができる**のです。

我々にとって素晴しい協力者、理解者が現われることは、喜びとやりがいを増幅させ、さらには疲れまで消してしまうことに繋がるのですが、その反対に自己中心的にさぼりながらやっている人間は、必ず周りからその通りの評価を受けるため、ますます動きが取れず、かえって疲れを生む結果になるのです。一見楽をしているように見えることが、実は長い人生の中では遠回りになっていることもあるのです。

心の中で描いたことに向かって諦めず、一所懸命やる人間は、必ず思い描いた通りの結果を出し、周りから愛され、さらなる自己成長をし続けるのです。

人間、縦に伸びると『本質』がよく見える

会社を伸ばす、友達が増える、お金を貯める。これは、横に広がる世界です。例えば、家を増築する、または今より大きな家に住みかえる。これも、横に広がる世界です。しかし、大きい家ほど風当たりが強く、台風が来たら吹っ飛ぶ可能性が強いものです。会社もそれと同じように、大きいイコール強い、とは限らないのです。

『縦に伸びる』とは、ただ闇雲に会社の規模を広げることではなく、トップの考えとそこで働くスタッフの考えの次元を上げていくことなのです。そして、**その考えが未来の会社の打つ手に変わってくる**のです。

麻雀ばかりやっていたら、麻雀の仲間が増える。ゴルフに趣味を変えると、麻雀仲間が

自然に消えてゴルフの仲間が増える。仕事に趣味を変えると、ゴルフの仲間が消えて仕事の仲間が増える。『縦に伸びる』とは、このように次元を変えていくことなのです。

私は元々、皿洗いから始め、コックになった男です。そのまま続けていたら、名コック長になっていたかもしれません。しかし、私はコックを辞めて化粧品のセールスを経て宝石のセールスマンになりました。なぜコックからセールスマンになるのかと、当時、周りの者から全く理解されませんでした。けれど、私の心の中には常に根拠がありました。お店をもつためには、お金が必要です。コックだけやっていたのでは、お金は貯まりません。自分を磨いていくためには、人に会わなければなりません。お金が貯まって人に会える仕事、と考えると、セールスしかなかったのです。そして現実に、それで私なりに人生に磨きをかけ、目的のお金を貯めたのです。

お金が貯まった時点で、トップセールスマンの地位を捨てて小さなお店をもちました。そのままセールスを続けていたら、毎月、最低三百万円以上の収入があったはずです。それを捨て、九坪の小さな店のために食うや食わずの生活をしているのだから、当時の宝石仲間からは理解されず、「どうして、そんなことをやっているのだ」とさんざん言われたものです。しかし、これもまた、私の人生の中では十分すぎるほどの自信と根拠があったのです。私は、当初の目標を達成するために、宝石で独立せず、小さな九坪の店をもったのですから、周りの者が何を言おうと、「今にわかる」と言ってやるしかありませんでした。その結果、店は確実に増えていきました。

そしてそれが二十店舗になった時、私は心の教育事業を専門とする会社を設立しました。この時も、周りから全く理解されませんでした。しかし私は、この仕事を一所懸命やり続けたのです。**その結果、自分が成長することと併行して、自分の周りに起きる総てのことが手に取るように見えてきた**のです。そうなると未来に打つ手がはっきり見えてきますから、何も恐れることはありません。これが佐藤流の『縦に伸びる』という考え方なのです。

コンプレックスはその人にとって偉大なる財産

私は若い頃、コンプレックスの固まりでした。家は貧乏、育ちもよくない、背も高くない、いいのは顔だけ!?　まあ、それは冗談ですが、本当に情けない男だ、と思ってました。好きな女の子に声を掛けようと思っても、オドオドして声を掛けられず、そのうち、勇気のある友人に彼女をとられてしまったこともありました。私は悔しくて、情けなくて、布団をかぶって泣いたこともあります。

また、私は人前で話をするのがたいへん苦手でした。ある時、それを知っている友人が、わざわざ私を指名して話をするように仕向けたのです。私は何分間も黙ったまま、ただ顔を真っ赤にして立っているだけでした。「ちくしょう、わざと俺に当てたな」と悔しい思いをして、相手を恨んだこともありました。私はその頃から、人前で自分の意見を正しく言える人間になりたいと心から思っていました。「今に見ていろ、今に見ていろ」という独り言が、当時の私の口癖でした。私にあるのはただ、負けん気だけだったのです。そこで私は自分のコンプレックスを逆にプラスに転じてみようと思い、その努力を始めたのです。

例えば飲みに行く時、なるべく自分よりハンサムな男と行くようにしていました。ハンサムな男は黙っていてもモテますから、私は当然悔しい思いをします。しかし、それは私の勝手な逆恨みであって、彼が私に何かしたわけではないのです。その事実を受け入れた上で飲みに行っていると、だんだん悔しいという気が起こらなくなってきました。それより、どこか彼より素晴しいものをもとう、自分を磨こう、という前向きな気持ちに変わってきたのです。

私流に考えると、コンプレックスというのは実は貴重な財産なのです。ハンサムな男は、現状に困っていませんから、そのままでいいと思い、自己を改善する必要性を感じません。反対に私のような人間は、悔しい、このままでは嫌だ、と思いますから、そこに努力や改善が生まれてくるのです。それが、長い間にどれだけの開きを生み出すことでしょう。そう考えると、コンプレックスこそ大切な財産になるのです。

松下幸之助さんも言っています。「私の家は貧乏でした。学歴もありませんでした。そして病気がちでした。だからこそ、私は成功できたのです。私の家は貧乏だったから、素直にお金が欲しいと思いました。学歴がなかったから、素直に学歴のある人を尊敬できました。病気がちだったから、自分が動かないで人を動かすことを覚えました」と。

まさに、自分自身のコンプレックスは財産なのです。**それはちょうど振り子のように、右に振った分だけ左に振れるという原理と同じ**なのです。不足した分だけ埋めようと努力をしますから、失敗したとしても、その分、成功しようという思いが強くなるのです。

宇宙の法則には、このように不足分を埋めようとする働きがあるのです。ちょうど、地面に穴が空いていると、そこに水が入って埋まるのと同じです。そう考えると、我々のコンプレックスは自分自身を高めるための貴重な財産と言えるのです。

第四章
本当の生き方を知る

——行き詰まったら
〝人生という電車〟から一度降りてみよ

お客様の心の声が本物のニーズである

結婚式のスピーチで、滔々《とうとう》とつまらない話を語っている人を見かけます。しかし、自分が思うほど、現実に人は聞いてくれていないものです。

私は人前で話をする時、相手は寝ているものと思って話をしています。相手は寝ているのですから、たまには起こさなくてはなりません。そのためには肩を叩いたり、急に大きな声を出したり、講演の時には演壇から下りていったりしながら、相手が一番気になることをするようにしています。

チラシや看板なども同じです。「人は見てくれない」と思うところから出発するのです。そうなると、**どうすれば見てもらえるだろうかと工夫しますから、無尽蔵にアイデアが出てくる**のです。

今の時代は言葉や広告が溢れていますから、自分のアイデアが特別だと思っていたら、自己満足で終わってしまうことがほとんどです。

私は、営業のやり方を周りの人からあまり教えてもらいませんでした。今考えてみると、それがよかったのです。人に教えてもらうことは総てその人の考えですから、どこまでや

りこなしても自分ではないのです。自分で体験したことを改善して積み重ねていくことによってしか、自分のやり方は生まれてこないのです。しかも、お客様の声の中から生まれるものが本物なのです。

コンサルタントの先生や批評家に聞いても、予測や評論はしてくださいますが、本当に痒《かゆ》いところは教えてくれません。

ですから、**お客様の本当のニーズを知りたければ、素直に「どこが痒いですか」と聞かなくてはいけません**。そうすれば、相手の一番痒いところを的確に掴むことができ、共感が生まれ、それが仕事で成功することに繋がるのです。

本当の仕事とは愛の作業のことですから、私利私欲のためにするのではなく、人の役に立ち、人と調和するために行なわなくてはなりません。我々は、そのために生きているのです。さらに深く言うなら、自分の儲けは、人の役に立つための研究や自分の家族や友人のため、また、自分の能力を向上させるために使うべきなのです。人々の役に立つために使っていけば自ずとお金を儲ける意欲が膨らみ、その意欲に応じた手段が自分の中から引き出されてきます。

人の役に立つ、人と調和するために愛の作業を行なう人は皆、新しいアイデアや手段を生み出し、成功していくのです。

幸福とは心のもち方と考え方であり、人それぞれ違う

人間にとって幸福とは、いったい何なのでしょうか。我々の感じ方や考え方は人それぞれです。苦しそうにしていても「幸せです」と言う人もいますし、逆に、楽しそうに振舞っているのに「不幸です」と言う人もいます。結局、人間の幸・不幸はその人の受け止め方次第なのです。**お金があってもなくても、家庭に恵まれていてもいなくても、その人が幸福だと思えば、それはもう百%幸福なのです。他人がとやかく言う筋合いのものではありません。**

人間は誰しも、生まれた時は同じスタートラインに立っているのです。貧しい家に生まれようとも裕福な家に生まれようとも、大差はないのです。ですから、我々が生きていく上で天から与えられたことは何一つ無駄なことがないと言えます。

私の家は大変貧乏でしたが、その環境の中で習得したことが、今の私をどれほど支えているかわかりません。私がもし、裕福な家に生まれていたら、多分、それなりに生きているとは思いますが、恐らく今の私はないでしょう。このように本を書くこともなかったはずです。そう考えると、今の私があるのは総て、貧しい家に生まれたからである、と言っ

ても過言ではありません。

だからと言って、貧しい家に生まれる人の方がいいと言っているわけではありませんから、勘違いしないで下さい。私が言いたいのは、人間は皆、平等に与えられているということなのです。そのことを、本当にそう思えるか思えないかの差があるだけなのです。私たちの周りの状況は、常に変わっています。自分の置かれている状況が果たして平等なのかどうかと考えるのではなく、当然、平等であると思って、そこに何の疑問もない状態で、その状況に向かっていかなければ、一生かかっても幸福であるとは思えないのです。

人間にとって本当の幸福とは、この本のタイトルにもなっている『天運』を拓き、『天命』を生かし切ることなのです。天命とは、天が与えた使命、個性のことであり、それを最大限に生かすことが人間として最高の幸福でもあるのです。

ですから、私の言っている幸福とは、頭で考える幸福ではなく、天から与えられた使命、個性を最大に生かすことなのです。一般の人は幸福感のことを幸福だと思っていますから、世の中の流れや社会の状況が自分にとって都合がいいと幸福だと感じますし、そうでなければ不幸だと思ってしまうのです。

本来、幸福と幸福感は一体のものなのですが、幸福感だけを求めていくと、本当の幸福が見えなくなります。**人間にとって本当の幸福とは、天から与えられた使命を全うし切っ**

います。

ていることであり、決して幸福感の追求ではないということを理解していただきたいと思

行き詰まったら〝人生という電車〟から一度降りてみよ、本当の行き先が見えてくる

私は過去、何度か大きな壁にぶつかって、自分の人生を真剣に考えたことがあります。何とか自分を立て直そうと必死になってもがき、苦しみ、考えているうちに、ふと、あることに気がつきました。私は、仕事、仕事と、仕事中心の生き方をしてきたため自分の人生まで仕事の中に入れなければ考えられないようになっていて、そのため、仕事が上手くいかないと人生まで上手くいかないような錯覚に陥っていたのです。

我々は、人生をより豊かに、充実したものにするために、仕事をしているのです。また、自分自身を高め成長させるために仕事をしている、と言っても過言ではありません。それなのに、自分でも気づかないうちに、仕事という小さな器の中に、人生というスケールの大きな物を入れようとしているのですから、当然、無理が出てきます。**実は、仕事は人生の一部**なのです。ですから、究極的に言うと、仕事で成功しようと失敗しようと、そんなことは大した問題ではないのです。人生における一つの経験でしかないのですから、そん

なことで自暴自棄になったり、人生を悲観する必要などないのです。どんなことがあっても、必ず我々の人生はどこかに辿り着きます。何も心配することはありません。どんな人間でも、それぞれの行動パターンに合ったところに、必ず落ち着くのです。**もっと極端に言うと、性格、行動によって、どこに辿り着くか既に決まっている**のです。

もし、今までの人生を変えたければ、人生という電車から、一度、降りてみることです。そして、本当の目的地に向かう電車に乗り換えることです。電車から降りるということは、日常生活からも降りるという、勇気のいることです。しかし、そこまでしなければ、二度とない一度の人生を、真剣に考えることなどできないのです。**本当に自分の人生を変えたければ、勇気をもって、電車からまず降りてください。人生という偉大な道程を走り抜くためには、途中下車も必要**なのです。

頭で理解してから行き先を変えようと思っても、その間に電車はどんどん進んでしまいます。ですから我々は、自分たちに与えられた時間に限りがあることを一刻も早く自覚し、その上で、人生の究極の目標に向かって全力疾走する必要があるのです。そうすれば、必ず素晴しい人生を送ることができます。電車から降りるための一番良い方法は、今までの価値観を白紙にし、本当の自分の生きる使命を発見するための時間を作ることです。その本当の自分の生きる使命を発見する時間が、私の主宰する「真我開発講座」なのです。もしそれを発見したら、たった、一度しかない人生が今までと百八十度転換し、何百倍も素晴しく過ごせることをお約束します。

グズグズするな、思ったことはすぐ実行しよう

ここに、二人の人がいたとします。一方はグズグズして物事を判断せず、損得を計算したり、「本当にこれでいいのだろうか」などと考えてなかなか行動しない人で、もう一方はすぐ実行して失敗してしまった人だとします。

一見、失敗してしまった方の人が損をしたような気がしますが、しかし、その人には失敗という経験が残ります。その失敗という経験で落ち込みさえしなければ、それは、「こうしたら失敗する」という実例として貴重な経験という財産となり、次なるステップのノウハウになるのです。しかし、グズグズして行動しない人は、いつまでたっても何も経験できず、常に現状のままです。

行動する人としない人、どちらがいいのでしょうか。**失敗しても行動して経験した方がいいのは、もちろんです。**

要するに、グズグズするな、ということです。ああだ、こうだ、と考えても、そんなも

のは総て架空であって事実ではありません。取り越し苦労はするな、ということです。グズグズするということは、要するに、時間をかけるということです。時間をかけると、状況はどんどん変化してしまいます。そしてそれに振り回されて、結局、何もできないで終わってしまうのです。

例えば私は、背広を買う時に十分程度しかお店にいません。私が店内を二周ほどすると、必ず店員さんが付いてきます。「一着決めるのに迷っているのだろう」と思っているのでしょう。そこで私が、「あの服と、これと、これをください」と、一気に五着くらい決めて注文すると、店員さんは「えっ」と本当に驚いた顔をします。しかし、私にとっては時間の方が貴重ですから、このような行為はごく当り前なのです。

直感を磨く方法は、常に思ったことをすぐ実行に移すことです。グズグズ迷って頭で考えていたのでは、直感はいつまでたっても磨けません。直感で実行して、その直感が間違ったとしてもいいのです。なぜ間違ったかが解れば、次にそれが活きてきますから、二度と同じ間違いを起こさなくてもすむのです。

私の理論でいうと、結果には、いい結果、悪い結果という優劣はありません。マラソンで自分がビリであっても、そこで自分はなぜビリだったのかという反省をし、次はもう少し上位にいこう、もっと速く走れるようになろう、というように改善していけば、どちらの結果からも学べるのです。「ああ、俺はもうだめだ」と思ったら、その通りの人生になりますし、逆にそれを一つのバネや栄養にすれば、後々、それが活きてくるのです。要するに、同じ条件でも、人によって全く受け止め方が違うということなのです。いい・悪いは、その人の受け止め方、考え次第だとすると、「行動した結果は総てよいことである」という言い方もできるのです。

話を整理しますと、考えることと行動することについては、まず考える、そして行動する。その結果を基準にしてまた考える、という具合に繰り返すことが重要なのです。**改善し、やってみてまた改善する、ということを繰り返して物事に当たると、いつかは必ずうまくいく**はずです。

常に「今ここから出発だ」という気持ちで取り組むとどんどん伸びる

ほとんどの人は、これでいいと思った瞬間に、これが完全だと信じ込んでいます。これでいい、ということは、それ以上のものはないと認めることですから、後は衰退しかないという言い方もできます。

しかし、「これでいいんだ」という心を「ここから出発だ」という心に変えると、新たに次なるものを求めないわけにはいかなくなります。**ですから、これでいいと思っている人とここからが出発だと思っている人との間には、天と地の開きが出る**のです。

これでいい、という発想は、自分そのものを衰退させていく、非常に危険な発想なのです。

ある程度のことをやり遂げても、これが最低で、これから最高を目指すくらいの気持ちをもっていなければ、そのやり遂げたことはすぐに消えてしまいます。我々が作り出す総ての製品は、常に作った瞬間から過去になっているのです。

私の場合も同様です。今ある私の会社を褒めていただいても、それは現在より確実に未熟な過去の自分が作った会社ですから、あまり嬉しくありません。褒められれば褒められるほど、もっと素晴しいものを作らなくてはいけない、これより最高のものにしなくてはいけない、と思えるのです。

結局、褒められてもけなされても、それをバネにして、「もっと素晴しくなってやる」と自分に挑戦していく人が、次なるものを作り出す人なのです。しかも、このように〝本当のやる気〟のある人が作り出すものは必ず、どのような時代であっても、常に人々から求められ、受け入れられています。台風が来て初めて、吹っ飛ぶ家と残る家がはっきりして、大工さんの腕の善し悪しが分かるように、不景気になって初めて、日々何をしていたのかという真価が浮き彫りになるのです。普段から前向きに自分に挑戦してきた人は、不景気な時代であっても、時代に合うものをどんどん生み出し、世の中を動かしていけるのです。

人生も全く同じです。**過去は全部リハーサル**なのです。**本番はこれからなのだから、リハーサルで失敗しても、本番で同じ過ちを犯さないための練習なんだと思えば、過去の失敗はありがたく思えてきます。**ですから、どんないいことをやり遂げても、どんな失敗をしても、本番はこれからだ、本当に面白くなるのはこれからなんだ、と未来に大きな期待をもち、今、自分のもてる総ての力を出しきる人にこそ、人生に対する新たな希望と勇気が与えられ、常に新しいものを生み出す先駆者として活躍していけるのです。

人間、絶好調の時が危険な時

一般的に、儲かるということはどういうことかというと、自分の懐《ふところ》が豊かになるということです。ということは当然、自分自身にゆるみが出てきますから、遊びすぎたり、人に気を使わなくなったりする傾向が強くなります。

仕事というものは、自分が儲かることに喜びを感じてしまうと、一瞬にして**自己中心的**

な発想に変わってしまいます。本当の商売とは、**常に他己中心でなければならない**のです。我々は、儲かることで有頂天になり、自分は絶好調であると錯覚してしまいますが、それは、自己満足である場合がほとんどです。

絶好調であるが故に、悩んでいる人を傷つけてしまっても気づかないのです。絶好調とは、自分一人のことを指していますから、隣の人も絶好調であるとは限りません。できることなら、自分の絶好調を周りの人々に分けてあげられるくらいの人間になるべきです。それと同時に、絶好調を分けて貰った人はそれに甘えず、自らの力で絶好調を生み出すための努力をすべきなのです。

病人を悪くするのは親、兄弟などの家族であると言われています。なぜなら、病人を一番甘やかせてしまうからです。身内が病気になると、オロオロしたり、心配をしたり、涙を見せたりと、必要以上に同情したり甘やかしたりしてしまい、本人の自然治癒能力を弱め、挙げ句の果てには「私の病気はそんなに重いのかな」と、暗いイメージをもたせてしまいます。

私の家は大変に貧乏でしたが、子どもの頃、私が病気になると母親がなけなしのお金でなんでも買ってくれるので、病気になりたくて仕方がありませんでした。ありがたいことに私は身体が丈夫でしたから、どんなに望んでもほとんど病気になることもなく過ごしましたが、あの時、思ったとおりに病気になっていたら、きっと自立心のない人間になっていたでしょう。

同情や憐みは人を慈《いつく》しむ心ですから、決して悪い心ではありませんが、同情を受けた人がそれに甘えると、自分の本当の力が出なくなってしまうのです。**どんな事態が起こっても道は必ずあるのですから、まず、自分でできることを考えなければいけません。**

ケネディ元米国大統領は、「国家が何をしてくれるかを問うべきではない。国民一人ひとりが国家に何をなし得るか、を問うべきである」という名言を残しています。他人が何かをしてくれるのを待つのではなく、一人ひとりが自分の足で立ち、自分の生命力や意志の力を信じ、どんな問題でも必ず解決するんだ、自分の未来は明るいのだ、と希望をもち続けることによって本当の人生を生きていくことができるのです。

どんな人間にも向き不向きの仕事がある

私は若い頃、ボクシングのチャンピオンになりたくてジムに通っていたことがあります。私がまだ練習生だったある日、六回戦ボーイとスパーリングをするように言われ、リングに上がりました。相手は練習生の私をバカにして、「お前の顔を殴るのはやめて、ボディだけにしてやる。俺は左手一本でやるから、お前は両手でかかってこい」と言うのです。しかし、スパーリングを始めると、私のパンチの方がボンボン当たるものですから、相手も苦しくなってきて両手を使って攻撃してきました。約束が違うので頭にきた私は、一発狙って思いっきり殴りました。すると、相手がロープ際まで吹っ飛んでダウンしてしまったのです。

これには瞬間、自分でも驚きましたが、よく考えてみると、当然のことだということに気づいたのです。私には以前から、それだけの力があったのです。相手を叩きのめすこと自体が私の性格に向いていないので、無意識のうちに本当の力を出さないよう、コントロールしていただけなのです。

子供同士が喧嘩している光景を目にすることがありますが、あれは決して本気になってはいないはずです。本気になっているのなら、石を投げたり、頭を殴ったりして殺しているでしょう。

私にとってボクシングは、これと同じように、本気になっているつもりで、どこか手加減してしまうものでしかなかったのです。自分でも気がつかないうちに、相手をかばってしまうのです。

しかしこれが、商売など、人に喜んでもらえることだったらどうでしょうか。相手のために総ての力を出し切っても、相手を傷つける心配は要りません。**むしろ、相手のことを思えば思うほど、相手を喜ばせることができますし、また、喜んだ顔を見て、もっと喜んで貰おうと努力する気になれる**のです。人を叩きのめすことはその時点で終わりになりますが、人を喜ばせることには終わりがないのです。

私はボクシングを通じて、自分の向き不向き、進むべき方向を実感しました。それによって私は、将来、人に喜んでもらえる商売の道に進むことを決心したのです。

人間も犬も、猫も梅も桜も、それぞれ天から与えられた使命のままに生きればよい

私は、**この世から『病院』という言葉を消す運動を起こしていかなければならない**、と思っています。病院という名前は、病気を暗示させる看板であり、我々の心の中では、完全にマイナス・イメージとして確立しています。本当は病院には、病気になったから行くのではなく、健康になるために行くといいのです。ですから名前は、『病院』ではなく『健康院』とか『健康増進所』に変えるべきなのです。

人間は命を生かすために生きているのであり、命とは自然に健康になるための作動をするようになっているのです。今後は、健康院に行くことによって、自然治癒能力が活かさ

れ、健康になるというイメージの転換をしていかなくてはなりません。

人間は同じものによって引き出されるようになっていますから、病気の人ばかり集めた中に入ると、病気がどんどん引き出される可能性があります。ですから、病気の人は健康で元気溌剌《はつらつ》の人の中にどんどん入って、元々もっている健康的なものを引き出してもらうべきなのです。このように**人間は、言葉の使い方、言葉のもつイメージ一つで、生かされることも病気になることもできる**のです。

そのいい例が〝洗脳〟です。洗脳とは、犬に向かって「あなたは猫です、猫です」と言ったり、梅の花に向かって「桜です」と言って、そう思わせようとすることなのですが、立派なことに、犬や梅の花は元々天から与えられた使命そのままに生きていますから、洗脳されることはありません。しかし、人間は同じように天から使命を与えられているにも拘らず、それを自覚できないまま人の言葉に惑わされてしまうのです。

例えば、社長の器でもないのに「あなたは社長だ、社長だ」と言われて、本人がその気になって社長になった結果、大変苦労して病気になってしまったり、男性が「自分は女性ではないか」と思い込んで女性になってしまったり、言葉を頭だけで理解すると、人間はそうなってしまうのです。犬は犬、猫は猫、梅は梅、桜は桜、男は男、女は女であることを自覚し、それぞれに天から与えられた使命があることに目覚めることが重要なのです。

洗脳というのは、無理矢理作られた言葉の世界の妄想ですから、夢と同じく、いずれ消えざるを得ないものなのです。

目標や夢は時々刻々、どんどん変わるのが本当なのだ

我々は日常、夢をもったり目標を立てたりすることを当り前として生活しています。

しかし我々自身は、毎日、変化しています。昨日よりも確実に進歩しているのですから、当然、未来への見方が違ってくるはずです。自分が未熟な時に立てた目標にいつまでも向かっているのは、おかしいのです。もっと究極的に言うなら、**夢や目標を実現するのは、人生という大きな器を満たすためのほんの第一歩にしかすぎません**。それをさらに突き詰めると、自分が何かに道具として動かされていることを自覚する世界があり、そのまま天に動かされるかのように行動することが可能になるのです。その結果、自分の財産を総て失ったとしても、それを天が与えてくれた最高の仕事として捉えることができれば、人間は皆、囚われない人生、自由自在の人生を送ることができます。

例えば、バブルの時代に何十億、何百億の規模の会社を作ったとしても、今それがなくなってしまったら、過去の功績はどう評価されるのでしょう。我々が普段立てている目標

の大きさと人間的な成長は、決してイコールではないのです。物理的なパッケージは常に変わるのです。

ですから**我々は、目に見える現象だけを追いかけるような目標を立ててはいけない**のです。**自分自身を高めることを第一目標に行動すれば、その結果が現象となって現われてくる**はずです。そして最終的には、我々が打つ一手で世の中を平和にしたり病気をなくしたりすることが可能になるのです。これこそが、まさに自由自在の世界なのです。

私は十五歳の時から、将来、自分の店をもつために、定時制高校に行きながらコックの仕事をしていました。そのためには資金を貯め、人間的成長をしなければいけないと思い、両方を実現するために化粧品のセールスを経て宝石のセールスをしました。その時、前述のように、私の周りの人々は、なぜコックから急にセールスマンになるのだと反対しました。

しかし私は、将来店をもつためには絶対にセールスマンにならなければいけないと思ったのです。そして、セールスマンを五年ほどやって資金が貯まると同時に、小さな店をもってマスターになったのです。その時も私は周りの人々から、なぜ佐藤さんのようなトップセールスマンがこんな小さな店のマスターになるのだ、と不思議がられました。それも当然です。私があのまま宝石屋で独立していれば、最低、毎月三百万円の収入は約束されていたのです。私は単に自分の目標通りに店をもっただけなのですが、周りの人々には理解できませんでした。私にとって、セールスは自分でレストランをもつための手段だったのです。

そして店が順調に増えて二十店舗になった頃、『真我開発講座』の原型である『思い方教室』や『魂の開発講座』というセミナーを始めました。その時も、周りの人から不思議がられました。しかし私は、単に会社を伸ばすことが自分の仕事だとは思っていませんでした。それよりも自分の魂を高めることの方が何より重要な仕事だと思っていましたから、私にとってごく自然な行為だったのです。

このように、自分自身を高めることや自分の次元を高めることを第一として生活していくと、過去に立てた未来の目標は当然、変化していくはずです。今まで考えもしなかったことに日々挑戦していくことによって、今まで追いかけてきた未来の目標が全く価値のないものになってしまうということが現実に起こるのです。ですから、**今日一日を最後の日と思って自分の総てを出し切るつもりで生活すれば、常に新しい目標が生まれ、全く思いもよらない未来が見えてくる**のです。

死を意識してこそ本当の人生がわかる

人間は一度死ぬと、同じ名前の自分で生き返ることは二度とありませんが、神風特攻隊で死を覚悟して生還した人やガンを克服した人の話を伺うと、皆一様に「一度死んだ身なのだから、何も恐いものはない。残りの人生を付録と思えば、何でもできる」と言っています。それに比べ我々は、小さなことで悩んだり悔やんだりしながら、スケールの小さな生き方をしている人がなんと多いことでしょう。

実は私も、死を体験した一人なのです。私の場合は、肉体ではなく、心がどんどんマイナス思考になって〝心が死んでしまった〟のです。その頃の私は仕事に明け暮れる毎日で、仕事のことしか頭にありませんでした。その結果、事業は確実に伸びていましたが、反対に、私自身は言いたいことを我慢し、自分を押さえることが多くなっていったのです。そんな時、ふとマイナス思考の人間の言葉に耳を貸し、その言葉を信じてしまったため、私の心の中でどんどんマイナスが膨らみ、目の前が真っ暗になってしまったのです。

その時私は、坐ったまま、自分の身体に指一本ふれずに死ぬことができるということを体感しました。どうしたらそんな心境から抜け出すことができるか、もがき、苦しむ毎日でした。

その間、積極的に人に会ったり、本を読んだり、いろいろな宗教に顔を出したりしながら、何か月もかかって自分自身の心を立て直したのです。その結果、閉じていた心の扉が少しずつ開き、自分の心に太陽の光がパァーッと差し込み、電話がひっきりなしに鳴り、人が切れ目なく訪ねてくるイメージが明確に浮かんだのです。そして、そのイメージは今現在まで、現実に起こり続けています。人間が一度死んで生まれ変わることは物理的には不可能なことですが、心の世界では可能なのです。これは、**成長を越える、脱皮**なのです。

我々の肉体は年齢とともに確実に老化し、死に向かっています。したがって時間は、泣いても笑っても、どれだけお金を積んでも、二度と戻らないのです。

ですから、**この瞬間、この命を大切にし、毎日が、今が総てであり、一日が一生であることを自覚すべき**なのです。二度とない一度の人生、人間は必ず死ぬということを自覚することが、時間の大切さ、命の尊さ、人のありがたさを知り、素晴しい人生を最大に生きるためのコツなのです。

褒められたら心を引き締め、叱られたら素直に感謝しよう

「褒める」と「叱る」はどう違うのでしょうか。実は、どちらも同じ意味なのです。「駄目じゃないか」と叱ることと「よくやったな、立派だぞ」と褒めることは、確かに上べの言葉では違うように感じられます。しかし、深い次元で捉えると、実は同じなのです。

叱るというのは、次のような意味なのです。「お前くらいの素晴しい人間が、なぜもっと、もって生まれた力を出さないんだ。お前には天から与えられたこんなに素晴しい力があるのに、百のうち五か十しか出していないじゃないか」。これは裏を返せば、その人の奥にある残りの九十の力を認めているという証なのです。だから、それをもっと出させるために、叱るという表現を使って相手を触発しているのです。その人の無限の力を出させるのです。

褒めるというのも、その人の残りの九十の力を認めた上で、もっとその力を引き出すために使う手段なのです。五の力が十になったじゃないか、もっともっとあるぞ、まだまだあるんだぞ、ということを伝え、相手の力を呼び覚ましていく一つのやり方なのです。

ですから、褒める、叱るは共にその人のもっている能力を最大限に引き出すための方便

でしかないのです。

従って、**叱られたとか褒められたとかいう現象で一喜一憂しているようでは、物事の本質を捉えることはできません。**しかし我々は往々にして、褒められると喜び、有頂天になり、叱られると脹れっ面をして、本質を知る前に言葉や態度に表わしてしまいます。このように人間は、常に物事を表面上の浅い次元で捉え、言ってくれた人の本当の心を踏みにじってしまうのです。それを克服するには、意識して普通と反対のことを言えるようでなければなりません。叱られたら喜び感謝し、褒められたら「あまり私を褒め過ぎないでください。もっと叱ってください」というくらいでなければ、その言葉の裏に隠されている本当の心まで見ることはできないのです。

大切なことは、叱られても褒められても、そのことを言ってくれた方に感謝する気持ちを忘れないということです。

人が人を叱るには、大変な勇気とエネルギーが必要です。ですから、嫌われてまで言いにくいことを言う人はいないはずです。それでも思い切って叱ってくれる人は、大変愛のある人なのです。それに引き替え、褒めるのは叱るよりもずっと簡単なことです。なぜなら、誰でも喜んでくれるからです。ですから、自分を叱ってくれる人にたとえ一時的に腹が立ったとしても、無理矢理「ありがとうございました」と言ってみることです。そうすると、自然にありがたい気持ちになるから不思議です。

自分に何かを言ってくれる総ての人に感謝していれば間違いないと思って、一度「ありがとう」と言ってみて下さい。そこから必ず、新しい気づきや発見が生まれてくるはずです。

第五章
宇宙の法則を知る
――クヨクヨするな、人間のやることなんか小さい小さい

本当の魂を自覚し、それを生活に活かすと総ての病気が消える

私の知り合いに十二指腸潰瘍を患っている男性がいました。その方は大変頭がよく、私が何か話をするとすぐに「そのことはわかります。こういうことですね」と理論立てて整理し、納得してしまうのです。しかし、整理することとわかることは決してイコールではありません。それは本人が勝手に頭の中で納得する世界ですから、現実は少しも変わっていかないのです。そのせいか、その方の十二指腸潰瘍は一向によくならず、このままいくとどうなるのかと本人も不安を感じていたようです。

そんな時、彼が私の主宰する『真我開発講座』に参加して下さいました。彼は何でも頭で分析する癖がついていましたから、一回受講しただけではなかなか素直に自分を見つめることができず、結局、心から理解したと私に言ったのは、五回受講した後でした。五回目の講座が終わった翌日、どういうわけか身体の調子を崩し、食べた物を全部吐き、トイレで真っ黒な便をたくさん出したそうです。その時、普通であれば自分の身体に起こった異常に驚くのですが、なぜか彼は、「これで自分の十二指腸潰瘍は治った」と思ったそうです。そして本当にそれ以来、十二指腸潰瘍が完全に消えてしまったのです。

これを私流に解釈すると、この方の病気は、自分でも気づかない潜在意識の奥に、本当の自分を偽って表現していることへのストレスが残っていて、それが十二指腸潰瘍となって現われていただけなのです。『真我開発講座』は、この心の奥に隠れているストレスや、いろいろな物事に対する矛盾を浮き彫りにしますから、いくら頭で考えていても考えつかない心の問題が一気に解消してしまうことがあるのです。

この例を見てもわかるように、まさに、**人間に起きる事件や病気は総て心でできているのです。**

これからは、人の心の奥の奥まで治さなければ、本当の医者とはいえない時代が来るでしょう。

それには、**人間が何でできているのかを知らなければなりません。人間は心でできているのです。神の心と自分の心でできているのです。**その神の心のことを魂と言っています。私が言う神の心、魂とは、愛を指すのです。愛とは、宇宙の愛、法則と言ってもいいでしょう。人間は、この宇宙の愛、法則によって生かされているのです。

しかし、**宇宙の法則は頭で理解するものではありません。**本を読んでも人の話を聞いても、百％理解することは不可能なのです。それは、心臓がなぜ動くかを頭で理解できないことと同じです。だから、「わかった」と言う人は実はわかっていないのです。なぜなら、それは行動することによって、身体で体感した人にしかわからないからです。この法則が本当にわかったと言える人は、実際の行動が変わった人です。それが結果的に周りの環境、人間関係をよくし、ひいては人相まで変えてしまうのです。『真我開発講座』は、そのことを体感し、実証していくためのものなのです。

相手が望むものをキャッチし、自分の意思を的確に伝える法

我々は、自分でいいと感じたものを他の人に伝えようとして、失敗することがよくあります。

その場合、相手に問題があるために理解されなかったのだと思いがちですが、実は、それを伝えられない自分に問題があるのです。

例えば、ここに一千万円の価値のダイヤモンドがあるとします。それを「五十万円で売りましょう」と言ったらどうでしょうか。価値のわかる人は喜んで買っていきますが、価値のわからない人にとっては五十万円は高いということになりかねません。要するに、そのものの価値がわかるかどうかの問題なのです。ですから、伝える人の話が上手いか下手かという問題ではなく、その人自身が本当にその価値を感じて理解しているかどうかが問

題なのです。その価値がわかっていれば、説得力や迫力が違ってきますから、作為的に考えなくても自然と相手に伝わっていくのです。

しかし、伝えたい物事が自己満足であってはいけません。相手との歯車が合っていなければ、いくらものを勧めても空回りで終わってしまいます。例えば鍋を持ってきて「この鍋は素晴しい」と言っても、相手が料理に全く興味をもっていなければ、いくら素晴しい、素晴しいと言っても、相手に欲しいと思わせることは難しいでしょう。相手の生活パターンや、既にもっている物と噛み合わせてみた上で価値を感じさせなければ、欲しいという欲求を湧かせることなどできないのです。世の中のほとんどのセールスマンがこのことを無視して、ただ売り込むだけに「素晴しい」を連発しているのです。これでは売れません。

では、相手にとって必要のないものの話はしない方がいいのかと言うと、それも違います。むしろ、もっと話した方がいいのです。大半の方が、相手を納得させる前に話をやめてしまっているのです。さらに話すことによって、**相手の中に新たな価値観や必要性が生まれるところまでいかなければ、話したことにはならない**のです。

例えば、「美味しい」という表現にはいろいろな基準がありますが、それを具体的に「しょっぱい」とか「辛い」とか言ってしまうと、食べる人が限定されてきます。しかし、「あれは美味しかった」とだけ繰り返していると、甘いのか辛いのかわかりません。ですから、歯車を合わせたければ、「甘いのがお好きですか、辛いのがお好きですか」と聞いて、相手が「しょっぱいの」と言ったら「ああ、しょっぱいのならぴったりだ」と相手に合わせていけばいいのです。

　そうして相手から引き出したものをこちらの商品につなげていけば、どんどん歯車が合っていくはずです。最終的には、甘かろうが辛かろうが「思っていた味とは違うけれど、美味しかったよ」と言ってもらうことができれば成功なのです。したがって、相手に何かを伝えたければ、**相手の話をよく聞いてから話をすること**です。そうすれば、**説得力のある話ができますし、こちらの誠意と真意がまっすぐに伝わるはず**です。

線引きや境界が人間関係を崩し、病気の元をつくる

　今、世界の問題のほとんどは、〝**線引きする**〟ことから起こっています。病気や戦争などの不幸は、総ての物事に対する線引きが招いていると言っても過言ではありません。では、この線引きというのは一体何なのでしょうか。例えば広い土地に二軒の家を建てる場合、その二軒の家の間に必ず境界線という線ができます。また、国境も同じです。この国は自分の国、隣は他の国、だから関係ない。これも線引きです。考え方、思想、宗教を

見ても、こちらは正しい、あちらは正しくないという心の線引きが起こっています。風習、肌の色も線引きです。このように、物理的に見て目に見えるものも見えないものも総て線が引かれているのです。

しかし、**もっと大きな観点から見たらどうでしょうか。例えばロケットに乗って宇宙から地球を見たら、どこにも線などありません。**一つの丸い地球がぽっかりと浮いているだけです。これからの考え方、精神で大切なことは、これらの線引きをなくすということです。世界は一つ、人類も一つ、宇宙から見れば人間は皆同じなんだ、ということに気づくことです。浅い世界で見るとバラバラであっても、深い世界から見ると皆一つなんだ、ということを自覚すべきなのです。

例えば親指、人指し指、中指、薬指、小指を見るとそれぞれバラバラにみえますが、指のさらに下を見ていくと、皆手の中でつながっています。そうです。そこから見れば、実は一つなのです。このように、大きな観点で物事を捉え、視野を広げていくと、自らの小さな欲は自然となくなり、あなたと私は一つ、世界は一つ、地球は総て自分のもの、と言えるようなスケールの大きな考え方に変わっていくのです。**それは、愛に満ちた心の状態ですから、人間同士の摩擦や病気や戦争は自然と消えていきます。**

病気とは、他人と自分を区別するところから起こっているのです。あの野郎、この野郎、あいつがこう言った、という心の線引きが原因なのです。そこから人間関係がこじれ心がねじれ、ストレスとなって、病気になるのです。反対に、あの人も自分、自分もあの人も一つなんだと思えたら、どうでしょうか。人に愛の気持ちで接したらどうでしょうか。愛は宇宙の法則ですから、絶対に病気になるわけがありません。

これからの時代は、総ての線引きをなくしていくための運動を、私たち一人ひとりが積極的に行なっていかなくてはならないのです。

そんなことは不可能だと思うかも知れませんが、この肉眼で見た線引きを無視して、心の目、魂の目で総てのものを見れば、世界中のどこにも線引きがないということに気がつくはずです。

我々が勝手に決めた境界線を消し、天が与えてくれた本来の生き方を全うするためには、心の目、魂の目で物事を判断し、人と付き合っていくしかないのです。

今、この瞬間、瞬間を最高に生きれば、過去のあらゆる出来事は未来のためのリハーサルになる

私は仕事柄、いろいろな人に会う機会が多いのですが、最近、そういう方々と話をしていて、あることに気がつきました。それは、ほとんどの人が過去の亡霊に縛られていると

いうことです。

過去、仕事で成功したこと、失敗したこと、人間関係で上手くいったこと、嫌われたこと、恋愛で成就したこと、失恋したこと…いろいろな過去の出来事を引きずって、あの時こうしておけばよかったとか、あの時こうしていたら今は違っていたのかもしれない、などと考えているのです。

そのことが心の中で上手く処理されていない人は、会話の中で必ず過去のことを優先させてきます。過去の話というのは相手にとって全く知らない話である場合がほとんどですから、よほど引きつける前向きな話でなければ相手の聞く意欲をそぐことになりますし、もうこの人の話は聞きたくない、と思われてしまうことにもなるのです。**過去のことは、反省の材料としては必要ですが、反省に長い時間をかける必要はない**のです。今、この瞬間、瞬間の新しい場面は過去の亡霊に囚われることよりも大切なのです。

今に生きるということは、今この瞬間に総ての生命を生かし切るということなのです。そのことによって、過去に行なってきたことは全部クリアになるのです。今この瞬間を一所懸命生きている人は、過去のことなど思い出している暇がありませんし、さらに次元を上げようと頑張っている人は常に前向きですから、未来の目標でさえも刻々と変化させてしまうのです。**自分の未来というものは、常に今、現在の自分の思いにかかっているので**

す。自分の考え方の次元を上げていけば、自ずと今までに思い描いていた目標が変わりますし、それに合わせて選ぶ環境も変わっていきます。いつまでも過去の亡霊に縛られている人は、常に同じ器の中でしか生きて行けない、ということを自覚して、一刻も早く、今この瞬間に生きることに目を向けてほしいと思います。

目に見えるものだけを追っているようでは、並み以上の人間になれない

私は料理人をめざして上京し、自分の店をもつために、コックの仕事に毎日、一所懸命励んでいましたが、ある時、このままコックの仕事を続けていて果たしてお店をもつことができるのだろうか、と疑問に思い始めました。

どう計算しても、このままの収入では不可能なのです。それなら、自分を成長させ、かつ、収入を得られる仕事はないか、と考えてセールスの仕事を選びました。化粧品から宝石のセールスを経て、一千万円のお金を貯め、九坪の店をもったのです。宝石のセールスをしていた方がはるかに儲かるのに、なぜこんな小さなレストランを始めたのか、皆に不思議がられました。

実は、これには理由があったのです。

一つは、レストランを経営することが当初からの目標であったことです。宝石のセールスは、そのための資金づくりでした。

もう一つは、宝石のセールスのように何万円単位を切り捨てるような金銭感覚では、自分は決して大きくなれないと思ったからです。今まで本当に成功したと言われている人は皆、一円のお金を大切にした人です。その点、食べ物屋は一円単位の商売ですから、本当に自分を磨くには、食べ物屋をやることが一番だと思いました。もちろん、宝石屋さんでもお金を大切にする心になれればいいのですが。

世の中をよく見てみると、必ずしも高価なものを扱っている企業が大きくなっているとは限りません。小さな金額のものを扱っている企業の方が、案外、大きかったりするものです。私が小さな金額を扱うことは、むしろ自分の中にある限りない可能性やアイデアを引き出すチャンスであると思えました。

私は宝石のセールスをしている時、社員に何百万円も入った鞄を持ち逃げされて、人間不信に陥ったことがあります。その社員は、よく涙ながらにセールスの苦労話を私にしていました。そんな話を聞いていた私は、その人のことを本当に誠実な人だと信じていましたので、正直言って相当のショックでした。なんとか捕まえて解決することができましたが、それ以来、一所懸命に働く仲間や環境を疑いながら仕事をすることに矛盾を感じるようになりました。とにかく私は、仕事をする時、人を疑わなくてもよい人間になりたいと芯から思ったのです。

レストランを経営するまでの経緯はわかるのですが、なぜ、ステーキを選んだのですか、という質問を受けることがよくあります。始める前にいろいろな外食産業を調べてみたのですが、どうしても包括的なお店よりも、ラーメン屋とかカレー屋というような、一品勝負のお店の方が繁盛しているように見えました。

それに、日本人の大半は、肉か魚のどちらかを食べています。中でも、今の子供達のほとんどは肉が好きで、ハンバーガーやフライドチキンを食べて大きくなっています。ということは、その子供達が大人になった時、その延長で食べるのは魚ではなく肉なのです。しかし、ステーキの価格は、どちらかというと、若者より年配向けに設定されています。一番需要の高い若者が気軽に食べられる価格で、しかも満足していただけるステーキを提供したい、という発想から、当時の金額で、ライスとサラダがセットになって千円、しかもライスはおかわり自由、という商品が生まれたのです。

以前、出店したことのある『立ち食いステーキ』は、そのような発想をさらに煮詰めた結果できたお店なのです。よく皆さんから、「立ち食いステーキは今の激安ブームに乗っていますね」と言われましたが、実は違います。『立ち食いステーキ』は、バブルの真っ最中の発想なのです。なぜかというと、バブルの真っ最中は家賃も保証金も高いですから、そこで商売を成功させるためには、一人から多くのお金をいただくか、多くのお客様から少しずついただくか、しかありません。小さな坪数で売り上げを上げることを考えると、当然、後者の経営方針で立ち食いという発想に結びつくのです。

もし、私が世間の常識や情報に惑わされていたら、きっと『立ち食いステーキ』は生まれていなかったでしょう。私は、バブルの真っ最中の時でも、目に見えるものの一切を追いかけませんでしたから、逆に時代の流れがどのように変化しても、自由自在な発想ができたのです。

物事には不変の真理があるのです。それは、**人間には変えられないもの**です。例えば、食べたものをどう消化吸収するのか、人間が考えて決めたことではありません。人間は、ゴキブリ一匹作ることができないのです。それは、人間関係でも商売でも同じなのです。**絶対不変の真理だけを追求していけば、どんな事態が起こっても道がずれる心配などない**のです。

その人類誕生以来決して変わらない不変の真理とは何なのかを追求していけば、必ず解るはずです。人間は何のために生きているのか。人間は何を求めているのか。人間の本心は何なのか。それが解れば、総ての事柄が自分をバックアップしているのだということに気がつき、本当の意味の成功と幸福を掴むことができるでしょう。

自分が正しいと思った時から間違いが始まる

我々は社会生活の中で、無理矢理人を好きになろうとしていることが多々あります。しかし本当は、**無理矢理人を好きになる必要などない**のです。自分を高めていくと、波長が合う人が自然と変わってくるのです。それを無理に合わせようとすると体のリズムまで崩れ、結果的に自分のためにもならなくなります。

そういうことに振り回されないために、深い観点、魂の次元からものを見る、素直な心であるがままを見ることが必要なのです。そこから見ると、嫌いな人などいないのだということに気づくはずです。皆、同じ人間であり、仲間であることを自覚すると、そのことにこだわる必要がなくなりますし、総ての人々を包み込むことができるのです。

私は以前、自分は正しいという観念の強い人間でした。ある時、有名な哲学者の本の中で「**自分が正しいと思った時から間違いが始まる**」という言葉を見つけ、私は愕然としました。自分の欠点はこれだ、と瞬間的に感じました。自分が正しいと思うことは、同時に、相手が間違っていると決めつけることになりますから、相手を受け入れるという豊かな心、大きな心が失われていくのです。正しいという正義の観念より、人を包む、受け入れる、という大きな愛の心の方が大切なのです。

親鸞上人は、「善人なおもて往生す。いわんや悪人をや」と言っています。

善人でさえ救われるのに、悪人が救われないわけがない、看守をしている人よりも牢屋に入っている人の方が救いやすい、というのです。なぜなら、天から見るとどちらも似たようなものだからなのです。所詮、そのことが大きいか小さいか、バレたかバレなかったかの問題でしかないのです。人を裁くということは、裁く者と裁かれる者に分かれ、裁かれる者には反省の機会が与えられますが、裁く者は一生、気づかず自分が正しいと思って人生を送ることになるのです。

まさに、自分が正しいと思った時から間違いが始まるのです。これからの時代は、思想、宗教、国境を超えた大きなものの考え方が必要になってきます。それは宇宙を取り囲む愛の法則から学んでいくしかない、ということに尽きると思います。

クヨクヨするな、宇宙から見ると人間のやっていることなんて小さい小さい小さい

「無一物、無尽蔵」という言葉があります。

これは、何もない故に全部ある、という意味で、今、財産も何もない人間でも、地球が家で地球上の総てのものが自分の財産だと思えばその瞬間から大富豪になれる、という意味が含まれています。

このように我々は、自分の心が億万長者になるとそれが現実に現われてくるという世界に住んでいるのです。しかし我々は、本当に価値のある財産を忘れてしまっています。人間に備わった目、鼻、口、頭、心、魂など、未だ人間の力では作ることができません。その精巧なコンピュータを財産と言わずして、本当の財産と呼べるものなどないのです。**総ての財産は、既に天から与えられている**のです。**この生命の中に総て揃っている、ということを自覚するだけでよい**のです。そうすれば我々の人生において起こる現象に総て対処していけますし、どんな問題でも大したことではないと思えてくるのです。

恐竜が絶滅して人類が誕生したことを思えば、人類が絶滅しても、当然、他の生物が生まれてくるはずです。そのくらい、宇宙は逞しいのです。自分たちの抱えている問題など、それに比べると点にもならない小さなことだと思えてくるはずです。

今、森林伐採が問題になっていますが、確かに森林を総て伐採すると大自然のリズムが崩れ、あらゆる生物がいったんは絶滅するかも知れません。しかし、その環境の中から新たに生まれてくる生物もいるのです。それを、あたかも大自然が迷惑を被っているかのように言うのは、人間の勝手な言い訳にすぎません。人間の理屈でいう『大自然』のリズムが崩れても、地球には全く支障がないのです。困るのは我々人間だとはっきり認め自覚しなければ、解決することは不可能です。

さらに言うと、宇宙全体から見ると、地球が明日なくなっても全く困らないのです。我々は、天から与えられた財産を自覚することによって、天と同じくらい逞しい生き方ができるようになっているのです。それを自覚すれば、どんな時でも自由自在に逞しく生きていけるのです。それを、自分の都合でいいとか悪いとか判断しているために、動きが取れなくなってしまっているのです。**我々は、もっともらしい理屈に振り回されずに、既に備わっている無限の財産を自覚し、それを活用していくだけでよい**のです。そうすれば、本当に必要な時に揃っているという、自由自在な人生を送ることができるのです。

伸びる人間、伸びたい人間を相手にすると運が好転する

企業のトップに立つ人間にとって一番大切なことは、常に実証してみせるということです。しかし、常に、「できるのか」「本当にやろうとしているのか」「どんなことがあっても最後までやり抜いていけるのか」という、その人の仕事に対する真価を問われる場面が

つきまとっています。

まず自分が先頭に立ってやってみなければ、社員を正当に評価することはできません。

もっと具体的に言うなら、自分が率先してやっていなければ、いざという時、やりたくない人間はやらなくてもいい、という割り切った判断ができなくなってしまうのです。一人の人間を人生単位で見ると、いくら社長であっても、やりたくないと思っている人の価値基準や生き方まで縛ることはできません。この考え方は、ともすると冷たく感じられますが、実はそうではないのです。逆に、お互いの生き方を尊重する考え方なのです。

使う者も使われる者も、会社の中でしかお互いを引っ張り合えないという事実を自覚すべきなのです。スポーツに譬えると、同じ監督やコーチで同じトレーニングを積んでも、伸びる者と伸びない者というように、必ず差が出てきます。望もうが望むまいが、残る者と落ちていく者に分かれるのです。当然伸びる者は収入も増え、伸びない者は注目すらされません。だからといって、伸びない者を無理矢理伸ばすことはできないのです。そんなことをしたら、逆にエネルギーを吸い取られ、周りの人総てが沈下してしまいます。

それよりは、伸びる人間、伸びたい人間を伸ばしていけばいいのです。そして、伸びたいと思っていなかった人も伸びたいと思わせるのです。それだけで、その会社は放っておいても伸びていくのです。さらに言うなら、トップ自身が、自分を高め、成長することを実行していけば、自ずとそれに見合った社員が集まり、そうでない社員はそれぞれに合った環境へ移っていくのです。**ですから、その会社が伸びているかどうかはトップが成長しているかどうかであり、集まる社員を見ていればトップの成長過程がわかる**のです。

人の長所に目を向けよ
自分にもその長所が得られる

我々の身体は、宇宙のシステムでできています。**宇宙のシステムとは〝愛〟であり、絶対不変の法則**なのです。地球の回っているリズムと心臓の動くリズムが同じであるように、一つの絶対的なシステムの中で我々は生かされているのです。

この観点から物事を見ると、我々が日々行なっている仕事もまた、宇宙のシステムであり、愛であることが解ります。どうすれば、お客様のお役に立つのか。どうすれば、会社の役に立つのか。これは正に、絶対不変の愛がなければ考えられないことであり、それを基準として物事は作られていくべきなのです。それにはまず、宇宙のシステムを理解し、その上で人間のシステムを自覚する必要があります。

人間のシステムは既に何万年も前から、この身体という精密なコンピュータとして存在しています。ただ、我々はそれを愛の法則に従って活用していないだけなのです。愛の法則とは、簡単に言うと、世の中の総ての人々が一つであるということです。

例えば人に商品を販売する場合、売りつけて儲けてやろうと考えている人と、この商品が本当にお客様のお役に立ち喜んでもらえるようにと考えている人とが、目の前で競争したらどうでしょうか。一時的に、前者の方が数字として上回ることがあるかも知れません。しかし、長く続けると、前者はどんどん敵ができ、悪い評判が立ち、しまいには動きがとれなくなります。

しかし後者は、いい評判が立ち、どこからでも歓迎され、紹介が紹介を生んでいくはずです。これを宇宙のシステムと言い、前者のように小さな範囲でしか物事を捉えられない人間は、まだ宇宙のシステム、愛の絶対法則を理解していないと言えるのです。

また、よく人の悪口を言う人がいますが、悪口は言った本人に必ず同じものが返ってきます。したがって、悪口を言えば言うほど自分を苦しめることになり、病気になったり、他人を信用できなくなったりしてしまうのです。しかし、宇宙のシステムを理解している人は常に他人のいいところを見つけ、それを褒め、それに感謝しているため、反動として当然、自分にも同じものが返ってきます。

総ての物事を上手く運びたければ、宇宙のシステムを理解することです。それは、力みや頑張りのいらない、穏やかな世界ですから、自然と顔つきや人相までよくなっていくのです。

物事は反対側から見ると〝真実〟が見える

キリスト教で、罪のことを〝人間の浅知恵〟〝禁断の果実〟と言っています。これは、人間の浅知恵で神の心を消してしまうという意味です。**ちょうど太陽を雲で隠すように、不完全な眼鏡で完全なものを見るようなものですから、眼鏡が歪んでいたら、真っ直ぐな棒も曲がって見える**はずです。

人間の心の中には、完全な心と不完全な心があります。魂は完全ですから、神の心そのものと言えます。しかし人間の心は、それとは逆に迷いやすく、曇りやすく、マイナスの心になることが多くあります。明るく前向きに考えることもありますが、人を恨んだり憎んだりすることもあります。非常に不完全であり、揺れ動いています。その不完全な心を完全な魂から見ると、自分の心が手に取るように見えてくるのです。

恨んだり憎んだり嫉妬したりするのは、実は愛の変形なのです。認められたい、褒めてもらいたい、解ってほしい。しかし、解ってもらえない、認めてもらえない。だから心が歪むのです。これを自分以外の、会社、社会、世の中の総てに当てはめても同じことが言えます。

昔、この地球は平らで海の向こうは崖になっていると思われていました。いくら地球は丸いと論じても、証拠がなければ平らであることが常識になってしまいます。人間は、自分の目で見た範囲でしか物事を判断しないのです。しかし、それが必ずしも正しいとは限りません。だから、人間は本当の意味で謙虚にならなくてはいけないのです。

謙虚になるには、反対から物事を見る必要があります。社員は社長になってみて初めて、社長の心がわかります。逆もまた然りです。子は親になって初めて、親の心がわかります。会社はお客様になってみて初めてお客様の心がわかり、自分の会社が何を求められているのかがわかるのです。自分の顔も鏡で反対から見ることによって、どこが汚れていたのかがわかるのです。人間はいつか必ず死ぬんだとわかって初めて、生きることの喜び、時間の尊さ、命の尊さに気づくのです。

このように、物事は総て反対から見るとよく見えるのです。

心が変われば運命自由自在

あるレストランの経営者が、私の講演テープを聞いて訪ねてきました。私に商売のことを教わりたい、と言うのです。

その方の話によると、店は赤字が続いており、そのせいで体調を崩してしまったため店を閉めたいのだが、赤字のことを考えると閉めるわけにもいかず困っている、ということでした。

私の講演テープを聞いて遠方からわざわざ来てくださった方なので、私も何とかお力になりたいと思い、いろいろお話を伺ったのですが、これは私の研修に参加していただくことが一番この方のためになると考え、私の主宰している『真我開発講座』に参加されることをお勧めしました。しかし、その方は手帳を開き、「その日は予約が入っているのでいけません」というのです。そこで私は少し強い口調で「何を言っているのですか。あなたが私のところに来たのは、私に相談して、問題を解決するためでしょう。今までのあなたの発想でうまくいかないのだから、発想を変えるしかないじゃないですか。赤字のお店の予約をいくら優先しても、赤字が膨らむだけで何の解決にもなりません。あなたが今、一刻も早くしなければいけないことは、まず、お店を閉めることなのです。あなたがそれをしないのは、世間体を気にしているからではありませんか。人生は二度とないと思えば、世間の人がどれだけ笑おうが、大した問題ではないじゃないですか。たとえ土下座してでも総てのスケジュールをキャンセルして、私の研修を受けなさい」と言うと、その方は素直に、「はい、わかりました」と言って、私の『真我開発講座』に参加されました。『真我開発講座』が終了した時、その方は見事に人相まで変わっておりました。物事に対する考え方、心に対する考え方がはっきり解ったと言われ、輝いた顔で帰って行ったのです。

その方は、帰ってから早速、自分の店を閉め、過去の自分の心の在り方を見つめ直したそうです。今まではライバル店を見て早く潰れてくれることを願っていたのですが、心の状態が変わってからは、ライバル店も繁盛しますように、そして私の店はもっと繁盛しますように、と心の中で祈りながら再オープンに向けて自分を成長させていったのです。

そして三か月後、新しい経営理念の下にお店をオープンしました。場所もお店も以前と全く変わらないのですが、お客様一人ひとりに対する愛と感謝の心は百八十度変わっていますから、当然ながら売上げが伸び、いい社員にも恵まれ、オープン時の高い売上げを今でもずっと維持しているという、素晴しい報告をいただきました。

我々は常に、目に見えるものに振り回され、それを変えるために悩み苦しんでいますが、一刻も早く変える必要があるのは、心の在り方、考え方なのです。総てはそこから始まっており、それが現実社会に現象となって現われるのです。心が変われば総てが変わる、ということを自覚して下さい。

第六章

強運を知る

——逃げるな、焦るな、手を抜くな、
命がけの気迫が運命を変える

必死になって努力し頑張り抜けば、天は必ず成功と喜びの世界を与える

人間にとって、本当の努力とは一体何なのでしょうか。私は皿洗いから始め、化粧品のセールス、宝石のセールス、ステーキ店のオーナーと、自分で頑張って頑張って事業を伸ばしてきました。誰にも負けないんだと歯を食いしばり、人より努力する人が必ず勝つと信じ、また、本当にそう思ってやってきました。

しかし、大きな壁にぶち当り、頑張ってそこから抜け出した時、全く違う世界が開けてきたのです。それはちょうど、ロケットが重力圏から抜け出して、推力のいらない世界に出た時のようなものです。努力して努力して、総ての力を出し尽くした時に、努力も何もいらない世界があるということを初めて知ったのです。

花が咲くのに、努力や根性はいりません。我々の心臓も、努力や根性で動かしているわけではないのです。**人間には努力を超越した世界、普段、普通にやっている総てがうまく運ぶ世界がある**のです。

しかし、この世界を本当に知るには、頭で理解しようとしても無理です。まず行動し、体験してみなければわからないのです。特に若い時は、本当に一所懸命、誰にも負けない

くらい頑張ってみることです。必死になって頑張って、そこから突き抜けなければ、なかなか人間はわかりません。敢えて、もう一度言います。まず若いうちは、自分のやるべきことを見つけて、徹底的に最大限の努力をすることです。未だかつてないくらいに力を出しきり、それを突き抜けた時、そこには天が与えてくれた努力のいらない世界があるのです。まさに一年三百六十五日、一日二十四時間、総てが喜びの人生になるはずです。

自分の意識の次元を高めていくには、その上の上に、必ず未だかつて体験したことのない最高の世界があるのだと信じなくてはなりません。人間は往々にして、自分が体験したり見たりしてないことを、存在しない、と思いがちですが、仰ぎ見る空には、まだ自分が見たことのない無数の星があることは事実なのです。ですから、**自分で体験していないからといって、存在しないとか間違いだとかは言い切れない**のです。

とにかく、もっと素晴しい自分がある、自分の未来は必ずよくなる、と心から信じて挑戦していくことが大切なのです。

総て良い方に解釈し行動すれば、その場からそれは良いことになる

人間はどんな人でも、人に変えられたと思うと納得いかないものですが、自分の意思で

自分を変え、物事を行なうと喜びが生まれ、長続きさせることができます。しかし、日常、我々は人から影響を受けながら生活していますから、自分の意思だけで物事を運べない場合が数多くあります。そして、そのために起こしてしまった失敗や過ちを、過去の汚点として引きずりながら生きている人がほとんどです。

では、そのような人たちはどうすればいいのでしょうか。**今、現在に最善を尽くし、今を最高に素晴しく生きていけばいい**のです。そうすれば、過去の病気や失敗も、総ては今を最高にするための経験に変わるはずです。要するに、プラス思考で、自分の内面を成長させることを考えていれば、総ての出来事は自分を高めるための財産ですから、人からやらされたのではなく、自ら望んだと思えるのです。

これを内面変化というのですが、現代は、多くの人が外面変化を求めています。外見だけを比較していると「上には上がある」と思い、ついつい、悲観することになりがちです。しかし**内面変化には、上下の優劣や人との比較がありません。思った分だけ湧き出てくる無尽蔵の世界**なのです。

例えば、お腹が空いている時に三匹の魚をいただいたとします。一日一匹ずつ食べると、三日でなくなってしまいます。これは、まさに外面変化の世界です。しかし、魚の釣り方を教わっていれば、自分で釣ることができますから、一生食べることには困りません。このように、人から言われることや人に動かされることを、自分の内面を変化させるノウハウに変えることのできる人は、自分に必要なものを自分で総て手に入れることができますし、あらゆる物事をプラスに考え、喜びに溢れた人生を歩むことができるのです。

結局、人間としての本当の喜びや成長は、自分自身に磨きをかけ、考え方の次元を高めていくことなのです。そのために、お金も時間もエネルギーもかける必要があるのです。

魚は見えても魚の釣り方を知らないために、多くの人は魚の動きに気をとられがちです。しかし、本当に大切なことは、魚を釣るための自分の心の在り方、考え、ノウハウを高めることなのです。そうすれば、どんな事態にぶつかっても、たとえ裸一貫で知らない土地に行ったとしても、そこで新しい仕事を始めるなどして、確実に成功することができるのです。

自分はやる気になれば何でもできるんだと前向きに考え、プラス思考で行動すれば、それが内面変化のノウハウとして構築され、結果的に必ず、思い描いたとおりの人生を実現することができるのです。

成功するために邪魔になる三つの心「恥」「見栄」「情」

私たちが成功していくためには、心の中で障害となるものが三つあります。

一つは「恥しいという心」です。これは、何かをする場合、恥しい、照れくさいという思いが邪魔をして、思った通りの行動がとれないことを意味しています。

二つ目は「見栄」です。これは、世間体とも言えます。人がどう思おうと、そのことを一々気にしていると勇気が出なくなり、思ったことができないで終わってしまいます。

三つ目は「情け」です。情けがない方がいいと言っているのではありません。例えば子供を育てる時、自分の子供に情けをかけすぎたらどうなるでしょうか。また、かわいい、かわいいと頭をなでながら大事にしていたら、どうなるでしょうか。当然、その子供は親がいなければダメな人間になってしまいます。ですから、情けを捨てて愛をもつことです。その子が十年後、二十年後、さらに親がいなくなっても、自分の力で自立し、立派になっていけるように考えた上での行動をとらなければならないのです。そのためには、時には叱ることがあるかも知れません。しかし、その子供の自立を助けるための愛であれば、叱ることは、子供を褒め称え勇気づけることと同じくらいの意味があるのです。

より深い次元で考えると、**私たちが物事を行なうとき障害となることは、総て己を守ろうという意識から生まれている**ことです。恥しいという心も、自分を守ろうという意識の現われです。見栄や世間体、情や情けも、自分を守ろうとする無意識が言葉や態度になって現われているだけなのです。

自分を投げ出し、人や社会のために、さらには世界や宇宙のために、というような大きな心になった時初めて、私たちの心の中にある障害が自然と消えていくのです。ですから、そこまでの心、考え方になれるように、私たちは自分自身の魂を磨いていかなければなりません。

私の場合、恥を克服するため、全く知らない人にどんどん話しかけたり、道で会った人全員に笑顔で挨拶したりしていました。そのようなことを毎日繰り返していると、自然に恥しいという心が消えていくのです。さらに、自分の本質の魂に磨きをかけようと毎日心がけていると、単なる外見上の見栄を張ろうという気持ちがなくなり、自然と、自分自身の中身で勝負しようという心に変わっていきました。さらに他人の本質的な魂を引き出してあげようと心がけていると、表面の情にこだわらなくなり、本当に相手のことを思った厳しい愛をもてるようになったのです。

このように、**自分自身を変えたければ、積極的に今までの習慣を変えていくしかありま**

せん。その瞬間、周りからどう見られようとも、その先の自分をはっきりイメージして勇気をもって挑戦してみて下さい。そうすれば必ず、本来の自分、元々あった素晴しい自分に出会い、そちらの方に向かって進むはずです。

良い人を探すのではなく自分が良い人になれ

会社というのは、経営者の思いをはっきり打ち出さなければ、その会社に合った人材や事業の形が明確に現われないものです。私も過去、会社を伸ばしていくに当たって、自分の思うような社員が集まらないことに頭を抱えていた時期がありました。いろいろな雑誌に募集広告を出すと、たくさんの方が面接に来て下さるのですが、「この人だ」と思える人はなかなか来ないのです。

なぜだろう、と考えているうちに、私はある重要なことに気づきました。今までの募集広告の内容は総て、私ではなく他の人に考えさせていたのです。当然、面接を受けに来る方はその広告を見て集まって来ますから、私にというよりも、広告を書いた人間に合う人が集まってくるのです。これでは、いつまで待っても私に合う人材など集まるはずがありません。そこで私は、改めて自分の意見をはっきり打ち出した募集広告を出すことにしました。すると、見事に私に合うような人が集まってきたのです。社会や人に投げかけるメッセージがはっきりしていればいるほど、それに合った人材が谺《こだま》のように返って来るのです。

このように、**自分の意見をはっきり打ち出すことは、仕事においても必要なこと**です。いつも人の意見に左右されて生きている人は、物事がうまく行かなくなった時、なぜそうなったのかがわかりませんから、常に疑問と不満を抱えて生きなければなりません。そうならないためには、まず自分の意見をはっきり述べられる人間になることです。これは、現代社会を生き抜く上で、誰にとっても必要なことなのです。

企業にとって、人材を確保することは大変重要なことですから、経営者はその重要なことを他の人に任せてはいけないのです。そうでなければ、面接を受けに来る人たちに対して迷惑をかけることになります。面接を受けに来る人たちは、はっきりとした考え方をもった上で、自分と波長の合う会社を選び、次にその会社のトップの考え方、経営理念を知るために面接会場に集まるのですから、当然、面接官が経営者であることが、一番望ましいのです。面接に来る人たちは、担当の面接官から経営者と同じだけの情報を収集しようと必死なのですから、会社側も、その必死な思いと同じだけの情熱を傾けなければなりません。そうでなければ、会社にとって一番必要な人材を面接だけで決めることなどできないのです。

結局、**選ぶ方も選ばれる方も、同じ立場と権利をもっている**のです。ですから、お互いにはっきりした意見を述べた上で、**波長が合うかどうかを確認していけば、双方が自分に合う人材、自分に合う会社を選ぶことができる**のです。

知識は所詮、道具に過ぎない

これからの時代は、頭の知識と本当に使える知識を明確に分ける必要があります。現代人は記憶力中心の詰め込み主義から生まれた知識の中で生活していますから、何をするにも、まず本を読んで勉強してからでないと始められない、という人がほとんどです。

しかし本当に、本を読んだり、人から聞いた知識だけで、人生がよくなるのでしょうか。私は、必ずしもよくなるとは思えません。なぜならそれは、総て他人の言葉や知識であって、自分の中から湧き出てきたものではないからです。もちろん、本を読んで他の人々の考え方を学ぶことは大変重要なことです。しかし、**本当の自分自身の素晴しさを知るには、外からの知識だけでなく、自分の中に既にある素晴しいものを自覚する必要がある**のです。

我々の人生、命は、常に自分自身が主役でなければならないのです。そのためには、今、与えられていることに全力投球し、毎日、自分自身に挑戦し、新しい自分を発見することに邁進していく必要があるのです。それは決して、本を読んだり他人の話を聞いたりしてできることではなく、今、この場にいる自分自身、自分の命の中から引き出していく、命がけの作業なのです。ですから、**瞬間、瞬間、どんな時にも、今、この場に全生命を出し切る**くらいの気持ちで物事に対処していかなければ、**到底、現実に使える知識など身についていきません。**

何かがなければできないとか、環境が悪いとか、誰かが協力してくれなければ無理だとか思っている人がたくさんいますが、それは私に言わせれば、天を侮辱していることと同じなのです。本当は既になんでもできる力を与えられているのですから、そのことを自覚して総ての力、総ての生命を出し切っていけば、どんな状況の中でも物事を達成することは可能なのです。

結局、いくら本を読んでも人の話を聞いても、自分自身が体験しなければ、本当に使える知識にはなっていかないのです。だからと言って、人の話を聞くのが悪いと言っているわけではありません。それは本来いいことなのですから、上手く活用して、自分の魂、命を引き出すための道具として利用していけばいいのです。そうやって身についた知識や知恵はお金と同じですから、上手く使って実践していくことによって倍増し、最終的には財産として自分自身に残っていくのです。

これからの時代は、既にもっている知識を、頭だけの観念、頭だけの経験で使おうと思っても使えない方向に向かっています。天が既に自分自身に与えてくれている魂を活用し、自分個人だけでなく、周りの人々、ひいては人類総てに役立つようにと心がけて、実践していかなければならないのです。

運は明るく積極、前向き、そして素直な人間に寄ってくる

我々は、偶然のように物事が上手く行った人のことを、「あの人は運がよかったんだ」といとも簡単に片づけてしまいます。しかし、それは非常にナンセンスなことです。人が生きていく上で、運がいいということは大事なことなのですが、それを「あの人は運がよかったから」と、たまたまそうなったかのように片づけてしまうことはおかしいことです。本当は、運がよくなることを考えて意識的に実行して行かなければ、運はよくならないのです。

では、運をよくするにはどうすればいいのでしょうか。

運命というのは、〝運ぶ命〟と書きます。運ぶのは自分ですから、自分自身で運命を変えることは可能なのです。

運がいい人というのは一言で言うと、心の状態がいい人のことです。運命とは、命を運ぶ、つまり人の心を運ぶ、という意味なのです。**人間関係は、実は心関係**とも言えます。

お金についても同様です。お金がどこかからかヒラヒラと飛んでくるわけではないのです。人の心を通じて、この人なら信用しよう、これは素晴しい、これは美味しそうだ、この人はいい人だ、というように、人の心を通過して初めて入ってくるのです。

ですから、常に心の状態をよくしておくと自ずと運はよくなります。自分の心がマイナス思考になっていると、心と身体との間に不調和が起き、健康状態まで悪くなるのです。人間関係においても、人を恨んでばかりいる人は、必ず相手にも恨まれてしまいます。このように、運命というのは、自分の心の状態そのもののことをいうのです。

では、どのような心の状態がいいかというと、明るく、前向きに、積極的に、夢と希望をもって、プラス思考で、愛と感謝の気持ちで、素直な心で、勇気をもって、というような、プラスの心を常にもちながら生活することです。このような心で物事を発想していると、放っておいても運命はどんどんよくなります。

自分の求めることを明確に自覚して、周りの人々に何を与えるかということを考え、それに喜びを見出すことのできる人は、当然、人とも調和し、運がよくなっていくのです。

そのためには、人の心をよく知り、自分の心をよく知り、宇宙の法則をよく知ることが必要です。河の流れる方向をよく知ってから船を動かすと無理が生じないように、人間も自分の心を知り、周りの人々の心を知り、宇宙の法則を知れば、自然によい方向へと人生が進んでいくのです。辛いことや悲しいこと、嬉しいこと…あらゆる出来事は自分を高めてくれる天からの試練、愛と思い、総てがよい方向に向かっていると信じ切ることが大切です。必ずよくなると信じる心をもって行動すれば、本当によい運に恵まれるはずです。

車の運転と同じように心の運転も周囲を見ないと事故を起こす

私は以前から、「運転免許証」があるのに、なぜ、「運命免許証」がないのか、と不思議に思っていました。なぜなら、心というものは、きちんと運転しないとどこに暴走するかわからないからです。例えば、相手にちょっと変なことを言われてカーッとなった時、その心のままに動いていたら大変なことを起こしてしまいます。「あの野郎、殴ってやろうか」と思って本当に殴ってしまったり、「火を付けてやろうか」と思って本当に火を付けてしまったり。そのようなことも、実際ないとは言えません。

ですから、**心というものは、常にきちんと運転しなければいけない**のです。心を運転するということは、心というものをはっきりと知る、ということです。車の運転に譬えると、まず車の用途や性能を知ることが必要です。そのためには、その車を作った人の心、つまり、どのような気持ちで、どんな使い方を想定して作ったのかを知ることです。また、車には説明書があるので、それを読むことも必要です。それらを知ってこそ、その車をうまく運転することができ、長持ちさせることができるのです。

車でさえ、これだけの過程が必要なのですから、車より遥かに複雑な人間をどう運転すればいいのか解らないのは当然のことです。しかし我々は、その解らない状態をそのままにして自分勝手に思うままに運転し、事故に会ったり、故障したり、立ち往生したりしているのです。これほど病院が多いのは、このような理由によるものなのです。心のままに、あの野郎、この野郎と、カーッとなったり恨んだり憎んだり、身体のリズムを崩してガンや様々な病気になったりしています。そうならないためには、車の運転方法を知るように、我々は心の在り方をきちんと知ることが必要なのです。

心の在り方とは、毎日心の中の本音で思っていること、考えていることを基本としてつくられている心の状態のことです。そしてそれは、常によい考え、明るい思いを繰り返して習慣にしていくことで、自分自身をよい方向へと導いて行ってくれるものなのです。

自分の心を変えるのは、自分しかいないのです。

さらによりよく運転するには、機能を知るだけではなく、周りの状況を知らなければなりません。車の場合、その時の車の状態、天候や道路状況を知らなければ、よりよい運転はできません。心も同じように、自分を知ると同時に、心の秩序を知らなければならないのです。信号が赤なら止まるとか、時速は何キロとか、そのようなルールを知って初めて、自由に運転ができるのです。信号を無視して車を運転すると、当然、自分の周りの人々を不自由にしてしまいます。

ということは、自分の自由が世の中の自由ではないということです。**何もかも心のおもむくまま自由というのは、かえって不自由であり、不幸を招くことでもある**のです。人間関係では、相手を立てたり褒めたり、自分を引っ込めたりすることも必要なのです。そのようなルールを学ばなければ、心を運転することはできませんし、本当の自由を得ることはできないのです。

心の運転をするには、まず最初に、自分自身と周りの人たちの心を知るところから始める必要があるのです。

過去はリハーサル、未来は本番

我々は、いま目の前にある状況がどんなものであっても、その状況によって不利になる

ことはありません。その状況を不利だ不利だと思う心が、状況を不利にしているだけなのです。

私が宝石のセールスをしていた時のことです。当時、ファイナンスが発達していなかったので、デパートなどでは、まず商品をお客様に差し上げて、お金は月賦、つまり後払いでよい、という商売をしていました。しかし私のところは、頭金を戴くかわりに契約領収書を一枚渡すだけで、全額支払われるまで商品を渡さないのです。地方のお客様は後日の集金がなかなか難しいので、間違いを防ぐためには、それが一番いい方法でした。例えば百万円の商品でしたら、頭金に二割の二十万円を戴くことになります。それでも契約領収書しか置いてこないのですから、当然、お客様は不安になります。だからよく、「あなたのところは不便だわ。他のところは品物を置いていって、お金は後でもいいと言ってくれるのよ」と言われたものです。商売として考えると、私の会社の支払い方法は、当時としても大変不利なものでした。

しかし、私はそういう状況に負けるような人間ではありませんでしたから、むしろそれを打ち消すくらいに元気な大きな声で、「何を言っているんですか、奥さん。いいですか、品物を置いて、お金は後でいいというのは損なんですよ。その中には当然、危険負担も入っているし、月賦の金利も入っていますから。結局、現金で買う以上に多く支払うことになるのです。誰だって、できるだけ安く買えた方がいいでしょう。そのために当社は現金払いを採用して、月賦より安く買っていただいているのです。しかし、現金で今すぐ出してくださいい、といってもすぐには出せない場合が多いでしょう。ですから、うちでは、お客様のために支払いを待ってあげているのです。奥さんにお金ができるまで、この商品を大切に金庫に保管させて戴きます。しかも、これがたとえ半年後に倍の値段になったとしても、支払っていただくお金は買った時と同じ値段でいいのです。こんな親切な会社はないじゃないですか。倍になってもこの値段でいい上に、大切に保管までしてくれるのですよ」と全力で話をすると「あ、それもそうだわね」と考えが変わり、当時ずいぶんたくさん買っていただきました。

このように、自分の置かれている不利だと思う状況は、自分の心のもち方一つで一番有利な条件に変わるのです。

もう一つの体験なのですが、同じく宝石のセールスをしていた時のことです。私に信用が付くまで、初めは二〜三万の安物の商品を十品ほどしか持たせてもらえませんでした。一目見て安物とわかる商品ばかりなので、なかなか売れません。

ある美容院を訪問した時のことです。「宝石屋さんはたくさん来るから結構よ」と簡単に言われてしまったのですが、そこを「是非見るだけでも」とお願いして、何とか中に入れてもらいました。でも、それだけたくさんの宝石屋さんが来るということは、商品を見る目が肥えているという証拠ですから、私のみすぼらしい商品を見たら、皆がっかりして、いなくなってしまうことは間違いありません。しかし、そろそろ売らなければいけませんでしたから、私としてはもう、どうにでもなれ、という半ばやけくその状態で鞄を開けたのです。するとその時、自分でも全く思いがけない言葉が出てきました。私は大きな声で、「いやー、まいったまいった。今日は売れて売れて、これだけしか残っていないんですよ。でも、安心してください。会社に帰れば山ほどありますから」。そしてカタログをパーッと広げ、近所中に聞こえるような大きな声で、汗をびっしょりかきながら最高の情熱で話をしたのです。すると、あまりの私の気迫のすごさに押されて、髪をカットしていたお客さんまでが、前掛けごとスッ飛んで見に来てくれました。私は結局、その場で七つの契約を取ってしまったのです。

商談が終わり、私は外に出て思いました。「ああ、私は今持っているこの商品、この状況が一番不利だと思っていたが、そうではなかった。不利だ不利だと思う自分の心が、総てを不利にしていたんだ。そんな不景気そうな顔をしている人から、誰が品物を買うものか。それよりも、この状況が最高なんだ、この商品が最高なんだと心から思い、真剣に話をすれば、聞いている方にもそれが伝わり、最高に思えてくるものなんだ」。**いかなる状**

況であろうと、これが最高なんだと思えば総て最高になるのです。自分の価値観を変化させれば、その状況、価値さえも変化するということなのです。

普通の人には何の値打ちもない単なる石ころでも、実はこれはおじいちゃんから貰った大切なものだと思えば、その人にとっては何千万円、何億円以上の価値があるのです。それは、自分自身の心の価値なのです。自分の心の価値観が変化すれば、物事に対するものの見方が変わってくるのです。ですから、とにかく今の状況を、最高なんだ、ここからが出発なんだ、というように考えていくことです。

これは、人生においても同じです。**今までいろいろ問題があっても、つらい思いや悲しい思いをしたとしても、それらは総てリハーサルだったた**と思えばいいのです。リハーサルのうちに失敗しておけば、本番の時、こうしたら失敗すると解っていますから、改善さえしておけば失敗することはありません。

今までの過去は、たとえ今が何歳であっても、総てリハーサルだったと思うことです。リハーサルの長い人も短い人もいるでしょうが、総てはこれからなんだ、と思って、今から本番をスタートさせて下さい。

命がけの気迫はどんな人間も自由自在に動かす

私が宝石のセールスを辞め、お店を出すために物件を探していた頃のことです。たまたま、四谷に来たので不動産屋をのぞいたところ、素晴しいと思える物件がたくさん出ていました。私は喜んですぐに契約し、九坪の店を買いました。張り切ってオープンしたのですが、店にはお客がほとんど入りません。十六時間営業して、売上げが一～二万円ぐらいなのです。

おかしいなと思っていたら、ある男性のお客様がこう言うのです。「マスター、この場所はモトスリ横町って言うのを知らないのか」。私は、あわてて聞き返しました。「モトスリ横町って何ですか」。「商売を始める人が皆ここでかけたお金（もと）をスッていなくなるっていう意味だよ。ちょうどあんたで七代目だけれど、いつまでもつかな」と言うのです。私は一瞬、目の前が真っ暗になりました。実はこの周辺の人たちは皆、商売に失敗していたので、その結果、店がたくさん売りに出ていたのでした。そうとも知らず、最悪の場所を喜んで契約してしまったのです。

しかし、よく考えると最悪ではないのです。最悪というのは、何かあるから最悪なのです。私はまだ始めたばかりで何もないのですから、最悪すらなくゼロなのです。ということは、これから始めることは総てプラスなのです。そう思った途端、俄然やる気が出てきました。

それからは、もう必死です。あの手この手で集客の方法をとり、毎日命がけで仕事をしました。その結果、少しずつお客様が増えてくるようになりました。そんなある日、店に恐い顔をしたヤクザが三人入ってきて、店にゲーム機を一台入れてほしいと言うのです。三人とも坊主頭で、目つきが悪く、小指がありません。これは何がなんでも断らなくてはならないと思い、「すみません、私の知り合いからも頼まれているのですが、総て断っているんです。今、他の人からゲーム機を入れてしまったら、私の立場も人間関係も駄目になってしまうのです。お許しください」と言いました。するとそのヤクザは、「そんなこと言わないで、マスター、握手しようよ」と言って帰らないのです。そんなことを繰り返して、五時間ほど粘られました。それでも私は断り続けました。すると、最後にはそのヤクザはひきつった顔で天を仰ぎ、大きな溜息をついて、「ああ、この店も明日で終わりだな」とドスのきいた声で脅すのです。その時、私は頭に血が上るのを感じました。私はすかさず、そばにいた従業員に向かって、「あの錆付いた包丁を研いでおけ」と言い、一歩も譲らない態度を見せたのです。レストランですから包丁を研げと言っても別におかしくはありませんが、「俺は命がけでこの店を守っているんだ。お前達はたった一台のゲーム機のために命をかけて来ているのか」という心の叫びが身体中をかけめぐっていたのです。

結局、にらみ合いが続き、最終的にヤクザは諦めて帰って行きました。

このように、自分の信念を貫くためには、命がけの心や態度が必要なのです。**その気迫が、最終的に人や物を動かす**のです。

逃げるな、焦るな、手を抜くな、喜びをもってやれば必ず報われる

私が定時制高校に通っていた頃、ある市場の大株主の会長のところで働いたことがあります。

その方は、まるでどこかの国の王様のように、毎朝、全社員が「おはようございます」と頭を下げて整列している間を通って出社し、身の周りのことは総て付き人にやらせていました。当時の金額で何億という資産を持っている大金持ちでしたが、その反面、釘一本、段ボール一枚無駄にしない細かい方でしたので、付き人になる人はいつも大変な思いをしていました。

ある時どういうわけか、その付き人役が私のところに回ってきたのです。会長が階段を

昇る時に後ろからおしりを押したり、靴下を履き換えさせたり、花を飾ったり、自宅の掃除をしたり、とにかく一所懸命、その方のために尽くしました。一年近く経ったある日、いつものように会長に靴下を履かせていると、「佐藤君、君は大学へ行きたくないのか」と聞くのです。私が、「ええ、行きたいと思っています」と答えると、「君は他人が見ていても見ていなくても、絶対に手を抜かずに仕事をする男だ。素晴しい。学費は私が全部出してあげるから、大学へ行きなさい」と言うのです。後から聞くと、そんなことは前代未聞らしいのですが、当時の私は無我夢中になって働くことしか頭にありませんでしたので、その言葉の深い意味を知るというより、ただただ驚いただけでした。

私は元々器用な方ではないので、他人が見ているから頑張るとか、見ていないから頑張らないとか、その場で行動や言動を変えるようなことはできなかったのです。むしろ他人が見ていない時の方が集中しやすく、仕事がはかどるのです。これは我々全員に共通して言えることですが、他人が見ていようが見ていまいが、**自分のやったことは確実に自分の潜在意識に蓄積**されます。そしてそれが、**次なる未来に現象となって現われてくる**のです。

我々の心の中には体験というフィルムがあり、物事を一所懸命に行なうと一所懸命が映像となって映り、いい加減に行なうといい加減が映ります。これは他人が認める、認めないという次元ではなく、我々が成長していく過程において体験することは総て自動的にフィルムにインプットされ、それが我々の未来に現象として現われてくるのです。

自分の心の中は絶対にごまかせません。これが、「総てのことを天が観ている」ということなのです。

商売の利益はお客様からの表彰状　頭を下げて感謝しよう

ある人から商売上の相談を受けたので親身になって相談に乗ってあげたところ、そのお店の売上が三倍になったことがあります。その方は大変喜んで、一日に何回もレジのところへ行き売上げ計算をしているというので、私はその方のところへ行ってこう言いました。

「自分のところの売上げが上がったからといって、計算ばかりしてお客様を放っておくのは間違いです。それは全部、自分の都合であって、なぜ売上げが上がったのかという根本を忘れてきた証拠なんです。そんな暇があったら、お客様にもっと気を使い、笑顔を振りまき、何をしてあげられるのかを一所懸命に考え、実行していくことです。レジの計算は、合間に、間違っていないか確認するくらいでいいのです。そして一日の最後に、今日は本当にありがとうございました、という気持ちでレジに手を合わせ感謝することです」と忠告をしてあげました。

自分の懐勘定を気にし出すと、人間は自己中心的になりやすくなり、錯覚してしまうのです。商売が繁盛し出すと、往々にして、このような間違いが起こりやすくなります。**あくまでも商売とは、お客様に喜んで満足していただくための作業**なのです。**売上げや利益は、自分がやってきたことの結果が数字になって現われているだけ**なのです。従って、売上げや利益をいくら分析しても、それは全部、過去の数字でしかないのです。未来の数字を上げていくには、どのようにすればお客様に喜んでいただけるのかを考えていかねばわかりません。それが即ち、未来の数字を生み出す元なのです。これからは、この未来の数字を作ることを真剣に考えていかなければ、本当の商売、本当の会社を経営していくことは不可能です。

また、お客様に喜んで満足していただいた結果が売上げという数字になって返ってくるのですから、**お客様からいただくお金は我々にとって表彰状と同じ**なのです。従って、表彰状を受け取る時と同じように、頭を下げて、認めてくださってありがとうございました、という感謝の心で受け取ることが大事なのです。

このように、過去の結果の数字と未来を創り出す数字は全く違うのですから、そのことを理解した上で、佐藤康行流『本当の数字とは』を読んでいただきたいと思います。

『本当の数字とは…』

過去の数字は事務所でも見られる
未来の数字を作るのは現場でしかできない
過去の数字だけを見ているとバブルになる
未来の数字を自らの力でつくるのが本物の経営者、商人
それは不況に強い
過去の数字は他人や社会のせいにできる
未来の数字は総て自分の責任
過去の数字だけを見ていると求める心だけ起きる
未来の数字だけを見ると与える心だけ起きる
過去の数字だけを見ていると成長しない
未来の数字を変えようと思うと大成長する
過去の数字だけを見ていると悩む
未来の数字を変えようと思うと夢がふくらむ
過去の数字だけを見ていると周りが変わるのを待っている
未来の数字を変えようと思うとまず自分が変わる

過去の数字は反省の材料
未来の数字を変えるのは改善
過去の数字だけを見ると人に対して傲慢か引け目になる
未来の数字を変えようと思うと勉強・教育を大事にして、本当の謙虚になる
過去の数字を変えようとすると、見える物だけを大事にする
未来の数字を変えようとすると、見える物だけでなく見えない物をもっと大事にする
過去の数字だけを見て話をすると社員はさぼる
未来の数字を変える話をすると喜んで働く
過去の数字は誰にも変えられない
未来の数字は人によってすべて変わる
過去の数字だけを見ると店は自分のものと思う
未来の数字を変えようと思うと店はお客様のものと思える
過去の数字だけ見て反省しないと思考が停止する
未来の数字を変えようと思うとチャレンジ精神が湧く
過去の数字だけを見ると人の欠点だけがよく見えて批判に回る
未来の数字を変えようと思うと感謝に変わり総てが好転する

自分が変れば環境が変る、環境が変れば自分が変る、それによって自分の真の目標が見える

目標がなければ、成功はあり得ません。そのためには、自分の求めているものが何なのかを、明確にしておく必要があります。しかし、目標を実現することだけが成功ではありません。**目標を実現する過程において、確実に自分自身の人間性が進歩し、成長していなければ、本当の意味で成功したとはいえない**のです。人間的には何も成長していないのに結果だけを手に入れてしまうと、人間は慢心し、自分を肥大化し、妄想の世界に入ってしまいます。妄想は、いくら広がっても妄想でしかありませんから、簡単なことで崩れ、消え去るのです。

我々が成功し、目標を実現するには、周りの人々との調和がなければ不可能です。自分一人が離れ小島に行って、本当の意味で幸せになることはできないはずです。本当の幸せは、人との関わりの中からしか生まれないのです。そうなると当然、私利私欲や個人的な名声を追い求める人は孤立しますし、孤立の中からは成功や繁栄は生まれません。

商売においても同じです。お客様に喜んでもらわなければ、お客様はついてきてくれません。最終的には、いかに自分を含めた総ての人々に喜んでもらえたかが、商売の成功、

不成功を決めるのです。

しかし、人に喜んでもらえるか否かは、現実化する前に既に心の中で決まっています。成功するのも、お金持ちになるのも、心の中で思ったことが現象として現われているだけですから、心から人の成功を願い、その人が幸せになるために自分が何を為すべきかを真剣に考えることによって、それが行動に現われるのです。**それを行動に現わさないで心に思っているだけとか、頭で考えているだけにしておくと、必ず矛盾が起こります。**

例えば、素晴しい話を聞いて早速プラス思考で職場に戻っても、その職場の環境がマイナスだった場合、その人は、心と現実の違いに苦しむことになります。そして、上手くいかない理由を、結局は環境のせいにしてしまうのです。環境のせいにすることは簡単なのですが、それでは全く成長しません。もし環境が伴わないのであれば、自分が環境を変えるための計画を練って行動を起こす必要があるのです。

環境とは、自分で作るものなのです。自分の心と、そこにいる人々の心の結晶なのです。ですから、どれだけマイナスの人がいようとも、自分のプラスの信念を強くもって行動することで、素晴しい環境を作ることができるのです。環境を変えるには、まず自分の心を変えることです。そして、周りに振り回されない、強い心で臨むことです。そうすれば、総ての問題は解決するのです。

第七章
天運を知る
――人間の心を捨て神の心を自覚しよう

あなたは何もしなくても既に天才

我々が自分を評価する場合、大きく分けて三つの自分があります。**他人が評価する自分、自分で評価する自分、そして真実の自分**です。その真実の自分を知ることが、成功し、幸福になるための一番の早道なのです。あらゆる聖人、偉人が生涯をかけて追求したことは、人間は何のために生きているのかということです。

孔子が「朝に道を聞かば夕べに死すとも可なり」と言っているように、ソクラテスが「汝自身を知れ」と言っているように、人間、何のために生きているのか、自分は何をすべきかということを明確に知ることができたら、今晩死んでも構わないくらいの価値があるのです。

命と引き替えにしてもいいくらいの人生の目的を見つけなさい、と言っているのです。あるお坊さんは、このことを〝生き役〟と言っています。それは天命、あるいは使命とも言えます。この使命、天命を自覚すれば、全員が天才になれるのです。

どんな人にも、生きる役割があります。それをはっきりと自覚して活かした人は、**天から与えられた才能を活かすのだから天才**といえます。

美空ひばりは歌の天才です。しかし、歌を歌っていない時は普通の人です。彼女は歌一筋に生きたことで、自分の中にある天才を最大限に活かしたと言えるでしょう。本当の天才とは、天から与えられたそれぞれの才能を活かすことによって、たくさんの人に勇気と希望を与える人のことであり、社会全体の中で自分がどう役に立っているかを実際に証明してみせている人なのです。しかし、自覚するか否か、実践するかしないかで、人は天才と凡才に分かれます。**特別なことのできる人だけを天才というのではなく、どんな人でも自分を知ってそれを最高に活かすことができれば、天才**なのです。川が上から下へ流れるのに特別な努力や根性がいらないように、一日二十四時間、一年三百六十五日、自分の個性に合うように生きると、疲れもなく、病気もなく、健康で生き生きとした人生を歩むことができるのです。

人生は自分が主役、自分で演出し、監督し、役を演じきれば面白い

私は以前、**人間は言葉ひとつで変わることができる**ということを、身をもって感じたことがあります。それは、愛媛県で講演をした時のことです。三百人の聴衆の中に一人、車椅子の方がいらっしゃいました。たまたま講演が終わった後、その方のところへ行って名

刺交換をし、ちょっと立ち話をしたのです。その後、その方から私宛てに一通の手紙が届きました。

「佐藤先生、ありがとうございました。私は佐藤先生の話を聞いて、本当に自分の人生、運命、物の見方が大きく変わりました。そして、命が救われました。私は、大人になってから、交通事故でこのような不自由な身体になりました。そのことによって、私は自分の人生を呪いました。恨みました。なんて自分は運が悪いのだろう、と。なぜ自分だけがこんな目に遭わなければならないんだ、と。私は天を恨みました。神も仏もいるものか、と。しかし、佐藤先生に言われたあの一言で、全く考え方が変わったのです。今までは、周りの人たちのほとんどが、『大変ですね』という言葉しか掛けてくれませんでした。

しかし、佐藤先生は違いました。先生は私を見るなり大きな声で『あなたは素晴しい財産をもっているね。その身体は財産だよ』と言われたのです。さらに私に向かって、『この会場を見渡してごらんなさい。あなたと同じ格好をしている人は、一人もいないじゃないですか。しかし日本中、世界中には、あなたと同じ格好をしている人がたくさんいるのです。あなたは今、私の話を聞いて考え方が変わった、と言われましたよね。それを今度は、あなたがいろいろな人に話してあげる番です。そうすれば、あなたと同じような境遇の人たちが、あなたと同じように救われるのです。それは、今のあなたに与えられた使命なのですよ。私がどれだけ話しても、あなたと同じ体験や思いをしなければ絶対に伝わらないことがあるのです。その点では間違いなく、あなたの方が私より上です。なぜならあなたは、私にはできない、すごい経験をしているからなのです。健康であるが故にいろいろなことをやりすぎて、かえって何もできずに終わってしまう人がほとんどです。成功している人は、あまり多くのことをやらないのです。王選手をごらんなさい。ボールを場外にとばすことだけを二十年以上考えて、〝世界の王〟と呼ばれたではありませんか。ホーキング博士も、身体が不自由になったからこそ研究に全生命をかけて、あれほどの大博士になったではありませんか。ということは、あなただって、これなら誰にも負けない、という一つのことを見つけ、それに専念すれば必ず天才になれるのですよ』とおっしゃって下さいました。本当にありがとうございました。私のこの不自由な身体がまさか財産だったなんて、本当に驚きました。そうなんですね。本当にこの身体は財産だったのですね。ありがとうございました。わかりました。私は今日から天才になります」

その手紙はこのように書かれてありました。

もう一つの体験ですが、中京大学で、スポーツ選手などの前での講演を依頼された時のことです。そこで講演するのは既に三回目でした。学生たちが自分たちの手作りで『佐藤康行先生』という大きな垂れ幕を作ってくれていました。私はそこで思いっきり講演をし、最後にそれぞれのチームから、講演を聴いた感想と質問を受けることになりました。

茶道部の学生が手を挙げ、こう質問しました。「佐藤先生、実は私たちはいくら練習してもつまらないのです。なぜかというと、他のほとんどのクラブの人たちには、観られたり表彰されたりという晴れ舞台がありますが、私たちにはそれがないので練習に身が入りません。どうしたらよいのでしょうか」と。

私はそこで学生に向かって、大きな声で「あなた達は、何でも与えられようとしている。なぜ、あなた達がその晴れ舞台を作ろうとしないのですか。自分たちで企画を立て、目標を決め、会場を設定し、先生達を動かして、自分たちの晴れ舞台を作っていけばいいのです。それから練習を始めればいいじゃないですか。そうすれば、他の学生たちよりも、何倍も楽しめるじゃないですか。何倍も何倍も勉強になるじゃないですか。そのことは、あなた達が社会に出てから相当役に立つはずです。なぜ自分たちでやらないで、他人が敷いたレールだけに乗ろうとするのですか。社会に出たら、何事も自分が考えていかなきゃいけないのですよ。そういう人が、会社や社会の中で役に立つ人間になるのです。これは、あなた達にとってチャンスなのです。ですから、ありがたいと思って、ゼロから自分たちで考えなさい。企画から考えるのです」と答えました。

質問した女子学生たちは、その時、本当に嬉しそうにニコニコして、「ありがとうございました。本当によくわかりました」と、頭をペコリと下げて下がっていきました。

何事も、他人から与えられようとせずに自分自身でやっていけば、どんなことでも喜びの人生になっていくのです。**自分の人生は、あくまでも自分自身が主役**なのです。自分で演出し、監督し、役を演じる役者になればよいのです。人生の喜びとは、そこにあるのではないでしょうか。

素直にやればいいじゃないか
そうすれば思うことの大半は実現する

ある朝、私がうつらうつらしている時に、まるで神の啓示のような声で「いけーっ」という声が聞こえてきました。私はその声に対して無条件に、「わかりました。やります」と答えていました。

それは、自分や会社を守ろうとしたり、世間体を気にしたりして、グズグズするな、という意味に受け取りました。自分の身に起こることは総て、自分の考えや浅知恵から出るものなのだから大したものではない、そんなもので考えて動くな。とにかく、「私の言うとおりにしなさい」と天が私に伝えてくれている、というふうに感じたのです。

ですから私は、これを自分の意思としてではなく、かなり高い次元からの指示として受け取り、「わかりました。やりましょう。言われたとおりにしましょう」と素直に答えたのです。

そのことがあった後、面白いことが起こりました。「自分の夢と目標」について話している時、急に話をやめたくなってしまったのです。以前それが一番燃えることだったのに、今はそんなことでは燃えないのです。自分の私利私欲のために夢を語ろうとすると、途中で苦しくなって、言えなくなってしまうのです。

今の私は、世界一のレストラン王になったとしても、少しも嬉しくありません。それよりも、魂の次元を上げるとこうなる、という証明をすることの方が嬉しいのです。

大きな観点から見ると、**人生は劇をやって、楽しんで、そして消えていく、という、一種のお遊戯のようなものでしかありません。**映画を観ていると、いろいろな登場人物が、ハラハラ、ドキドキする場面を見せてくれます。実はこれと同じように、我々は泣いたり笑ったり、喜んだり悲しんだりしながら、映画のような人生を送っているのです。悲しい映画が好きな人もいれば、笑い、喜び、元気が出る映画が好きな人もいます。人間は、そのように何事も自分の好きなことを選び、好んでやっているのです。そして、それが人生そのものになるのです。**そう考えると、人生はまさにお遊戯です。やがて終わり、消えていく。**これが、私の偽らざる心境です。

男は男であること、女は女であることで、それぞれ重要な役割が課せられている

現代は、男女同権の時代と言われています。しかし、男性と女性は明らかに違います。それを、男性だから、女性だからという、それぞれの特徴を無視した主張を、社会や会社、家庭の中に取り入れると、大抵の場合、矛盾が生まれ、争いが起こります。

男性と女性、男性と男性、女性と女性という人間関係の中で一番大事なことは、価値観が同じかどうかということです。いろいろな物や事に対する考え方が違っていてもいいのです。しかし、価値観が違うのに何かを一緒にやろうとすることは、好き嫌いの範疇を越えて無理があります。例えば一つのことを目指している時に、一方は右、一方は左を向いていると、いくら共同作業をして頑張っても、同じ所には向かって行けません。

そう考えると、**我々はそれぞれ皆、考え方や捉え方が違うということを念頭に置いた上で、価値観が同じかどうかを確かめ進む必要がある**のです。そこを確かめないで進むと、頑張れば頑張るほど、離れていく結果になりかねません。普通は頑張ればよくなるのですが、価値観が違うと、頑張るほど悪くなるのです。これは男女の関係だけでなく、人間関係全般に言えることです。

しかし、もっと深い観点から見ると、**価値観さえ超越する世界**があります。**それは、宇宙全体が一つであるということを自覚する世界**です。しかし残念なことに、ほとんどの人が未だにその世界に気づいていませんから、当分の間は、何か物事を行なう時、お互いの価値観を確かめていく必要があるのです。

現代の社会は、男性、女性という性別の違いを越えて、人間という大枠で一つの定義を打ち立てようとする風潮が強くなっています。これを敢えて男性、女性という、基本的な性別の違いにこだわって考えてみると、明らかに男と女は違っています。それは、原始時代から何ひとつ変わっていないのです。女性には妊娠して子供を産み育てるための機能が備わっていますし、そのために男性は、女性や子供のために食糧を調達するだけの筋肉が備わっています。現代社会に置き換えても全く同じです。このように基本的性別の違いというものは、命の部分から見ると一目瞭然なのです。ですから、違いがある以上、役割が同じであるということは、あり得ないのです。

男女平等といわれていますが、何をもって平等というのかを考える必要があると思います。浅い観点から見ると、男性でも女性でも、同じ人間なのだから、一生懸命仕事をして、仕事ができる方が出世するのは当然と思われますが、もっと深い観点から見た場合、平等にすることによって、本来、男性として、女性として与えられている機能を使わないまま、人生を終わらせてしまうことにもなりかねないのです。これは、個人にも社会にも共通して言えることです。

我々が男性であること、女性であることは、この人生の中で絶対に変わらないのですから、敢えて男・女の在り方を考えるならば、**基本的な構造の違いという命の部分から考えていく必要がある**のではないでしょうか。

生きることに理屈を言うな 生を全うし、魂をフルに活かすことが人生だ

人間は何のために生まれてきたのでしょうか。神は人間を創造しましたが、これは何のためなのでしょうか。人間という一つの生物だけにとらわれず、宇宙に存在する万物のすべてを対象にして考えてみましょう。**実は何のために、という目的のためではなく、既に誕生して生きていること自体が目的そのもの**なのです。**我々は神の一つの法則の中で誕生しているのですから、我々の存在自体が神の法則である**と言ってもいいのです。我々を含む万事万物は皆、同じ法則の中で生かされているのです。

宇宙に何の目的があるのですか、と聞かれても、宇宙の存在自体に目的があると答えるしかありません。では、人間には何の目的があるのですか、と聞かれれば、神の法則を活

かすためと言えるでしょう。

人間には、個々に個性というものがあります。この世に存在する何十億の人間のそれぞれが、生きるために別々の個性をもって生まれています。一人として同じ人はいないのですから、まさに天から与えられた自分にしかない目的と言えるのです。しかも総ての生物において、男性、女性がバランスよく存在しているように、それぞれの個性もバラバラであることで、調和が保たれているのです。結局、我々は総ての生命、命の個性を知り、それぞれがその生命と個性を最大限に活かして行くことが、人間として与えられた使命を全うすることなのです。そうすることによって、次なる生命、次なる個性が新たに生まれてくるのです。

人間の存在理由をあえて言うなら、**我々の生きる目的、目標、使命は、己の生命、個性を最大限に生かし、周りの人々、限りない生命、宇宙と地球…総てのものと既に調和していることを自覚すること**なのです。

その一番わかりやすい例が仕事です。仕事を通じて、己の個性と命の力を出しきり、周りの人々や社会のお役に立ち、喜んで貰う。それが結局、新たなる自分の生命力を引き出すことに繋がり、万事万物と調和する状態を生み出すのです。そう考えると、仕事とは、人のために行なう作業のように見えて、本当は自分の命を引き出す作業なのです。

では、なぜ人間は生きる目的を考えようとするのでしょうか。それは、考えるということが、生きるための武器だからです。ライオンに牙があり、キリンの首が長いように、総ての生物には生きるための武器が備わっています。人間が脳でいろいろ考えるのは、他の生物が生きていくために牙や長い首のような武器をもつのと同じなのです。また、ライオンの牙が過度に発達すると、他の動物が襲われ、ライオンの数が増えすぎることになりかねませんが、バッタやコオロギが異常に繁殖する現象と同じように、黙って見ていると、一時的にその数が増えても何らかの自浄作用が働いて、上手く自然淘汰されていきます。

人間の脳の発達にも、これと同じことが言えます。人類の存在も、大きな宇宙システムから見ると、新種の病気や自然災害などの自浄作用によって、常に自然淘汰されているのです。ですから、人間が脳を使って生きる目的を考えても、それは生きていくための手段として活用しているだけで、目的がわかったということには繋がらないのです。

これは、頭で考えることではありません。**心臓が動いていることは、動いていること自体が目的であるように、人間も生きていること自体が目的**なのです。ですから、何のために、と行き先を頭で考えずに、今、与えられている命、愛を引き出して万物と調和していけば、自ずと個性が開花して、生きていることの素晴しさを体感するはずです。

それを体感すれば、人間はなぜ生かされているのか、生きるための本当の目的、目標は何なのかが見えてくるはずです。

自分の天運を最高に切り拓いていくため強運になることが絶対に必要である

この本は、天運と強運について書いた本です。**どちらも同じ運という言葉を使っていますが、実は天運と強運は全く違うもの**なのです。強運とは、人間のやりたい夢や欲望、人生の目標という、自分で決めたことをやっていくために必要なお金やアイデアや情報などが自然に集まり、それをやれるだけの力が備わって物事が成就していく様を言います。言い換えると、今、タイムリーに必要なものが自然と運ばれてくることによって、自分の夢や目標が実現されていく状態のことです。

それでは、もう一方の天運とは何かと言うと、それは自分の夢や欲望、目標を達成するための運ではありません。自分で何かをやりたいとか夢や目標を実現したいとかという、自己中心的な目標がなくなった時に初めて働く運なのです。ちょうど桜の花が春になるときれいに咲くように、チューリップやバラの花が種の段階でこう咲くと決まっていて、それが土や水や太陽などの縁によって咲くべき時に咲くように、こう咲いてやろう、ああ咲いてやろうという、自己中心の欲望や目標がない、生命を最高に生かしきる天から与えられた運のことを言うのです。

我々の中にも、実はそれと同じものがあるのです。それは、**既にその人に与えられた独特の個性のこと**です。そして、**それが最高に花開いた時、自分の意志とは関係なく、まるで天が自分を動かしているかのように物事が進んでいきます。**これは、自分の欲望を全部払いのけ、社会全体、世の中全体、宇宙全体と調和して、初めて起こる現象なのです。

一言で言うと、強運というのは自分の欲望から出てきた目標が実現されていくことであり、天運というのはその欲望が消え、宇宙と一体になって自分本来の使命を全うしていくことなのです。

二十一世紀の我々人類は、天から既に与えられている自分自身の本当の使命を知り、それを最高に咲かせていかなければなりません。そのためには、天運を生かすしか方法がないのです。そしてそれは、我々が生きていく上で天から与えられた究極の喜びなのです。

しかし、天運を生かす前に我々は強運でなければなりません。本来、自分がやるべき使命を全うするためには、あらゆる条件が整って、そのことの実現のために強運が向いて来るようでなければならないのです。天運を生かす人は、既に強運であるということなのです。

そのためには、ソクラテスが「汝自身を知れ」と言っているように、本当の自分を知り、その自分にピッタリ合った目標をもつことです。社長に向いていない人がたまたま社長になり、それが成功だと信じたとしても、そのために後から大変な苦労をして身体をこわし、命を縮めた人が世の中にはたくさんいます。ですから、自分の顔を鏡で見るように自分の心の癖や個性をよく見て、**自分には何が一番向いているのか、自分のこの世における役割は何なのかを知ることが、生きていくために一番必要なことであり、やらなければならないこと**なのです。それを頭で理解するだけでなく実践していけば、自ずと天運は拓けてくるはずです。

〝四次元の発想〟で物事を見ると新しい発見がある

我々は過去の観念や性格、行動パターンによって物事を判断し、行動しているために、同じ失敗を繰り返すことが多々あります。それを変えるためには、四次元の発想で物事を見なくてはなりません。

四次元の発想とは、心のことを言います。心というのは自由自在ですから、そこには壁がないのです。ですから、我々の肉体感覚で不可能と思うことも可能となりますし、自分が心で思いさえすれば制限なく広がっていくのです。例えば、我々の肉体は急にアメリカに行くことはできません。過去にも、未来にも行くことは不可能です。しかし、心の世界から見ると、今すぐにアメリカでも過去でも未来でも好きな所に行くことができるのです。また、人を好きになることも、嫌いになることも瞬時にしてできます。**心というものは、正に自由自在**なのです。

現次元から過去を見ると、失敗したり騙されたりしたことが次々と思い出されます。しかし、それは現実の心がそう思わせているのです。過去というものは、今の自分の心の中にしかないのです。

人間は生まれたこと自体が、既に白星なのです。我々が過去に経験してきた苦しい出来事は総て黒星のように見えますが、実はそれが現在の自分を作ってくれているのです。言い換えると、過去の体験がなければ現在の自分はないのです。過去いろいろあった出来事は、総て自分を高め、磨いてくれる素晴しい体験なのです。従って、現在の心の状態を素晴しい白星に変えると、過去の総ての出来事が、オセロゲームのように白星に変わるのです。

また、未来に関しても同じことが言えます。例えば、アメリカに行くことを決めたとします。その瞬間、心の世界ではアメリカに行っているのです。現実の世界ではまだ行っていなくても心の世界では行っていますから、必ずいつか行くことになるでしょう。その時点で、未来は既に決まっているのです。ということは、このままの生活でこのまま進むと将来はこうなる、ということが既に決まっているということなのです。それは個人単位だけでなく会社単位でも、国単位でも同じことが言えます。一つの心が集まって会社や国を形成していると考えると、その集まった心が日本を作り、世界を作り、未来を作っていると言えるのです。よく未来を予言する人がいますが、**未来を決めていくのは予言者ではなく、我々の心**なのです。従って、今の心を素晴しい状態にすると、未来は自ずと素晴しくなるのです。

人間の心を捨て、神の心を自覚しよう

人間は過去の失敗や成功、あらゆる経験の積み重ねによって現在の自分を形成し、未来の自分を決めています。そして時には、自分で自分の限界を自らの心で決めてしまっているのです。

例えば、本を読んで影響を受けた場合、それが価値観となり、影響を受けた範囲で物事を考えるようになります。これは、自分が表からつけ加えた心なのです。心には、大きく分けて二つあります。一つは人間の心、もう一つは天の心です。神の心と言ってもよいで

しょう。また、仏の心、宇宙の心と言ってもよいでしょう。その、**神の心を第一念といい、我々人間の心を第二念**と言います。

例えば、空を飛ぶ飛行機は人間が造ったように見えますが、原材料の総ては元々地下に埋まっていたものです。素材で、人間が造った物は一つもありません。人間はそれを発見し、組み合わせただけなのです。その人間を造ったものもまた、人間ではないのです。

我々が第二念を活かすには、第一念を理解することが必要不可欠なのです。その第一念のことを法則といい、その第一念（神の心）から見なければ物事の全体像は見えてこないのです。

我々は心をさらに深く掘り下げると、自分の本当の心、人の本当の心がわかるようになっていきます。そして、それが魂（第一念）に磨きをかけ、心眼が開いていくのです。

心眼とは相手の考えていることがわかる心、今、こうしてあげると喜ぶだろうとわかる心の眼のことです。この心眼を養うと、未来が見えてきます。この人が、このままの性格で、この行動パターンで、この金銭感覚で、人間関係を作っていたらこうなる、という姿が見えてくるのです。世に言う予言とは、心眼から見た未来を見通す眼のことであり、決して特別な能力のことではないのです。**この心眼で我々の会社、社会、日本、世界を見ると、様々なことが見えてきます。**これからの人類は、この心眼と第一念である宇宙の心を知らなければ生き残れなくなるでしょう。

泥棒の世界に入って泥棒を見ようとしても、泥棒のしていることを人々がどう思っているか、客観的に見ることは不可能です。泥棒をやめて真面目に仕事をしてみなければ、泥棒の姿は見えないのです。

我々の生活、社会の情勢、世の中の流れは、総て同じなのです。人間社会の中で、人間の観点から物事を見ても見えないのです。それを見るには、**第一念、宇宙の心、神の心で見るしかない**のです。

人間の心には、何かが元でこうなったという元の心があります。この元の心を、宇宙の心と言います。この観点から見ると、人間の愚かさや素晴しさが総て見えてくるはずです。

これからの人間は、宇宙の心、宇宙の法則を理解することが何よりも絶対に必要なのです。これからの時代を担う本物のリーダーを目指すのなら、頭で理解して知っている世界ではなく、本当にやっているのか、そういう生活や行動をしているのか、全部、細部にまで嘘がないと言い切れるのか、を明確にした上で行動することが必要になってくるでしょう。このことは、我々の身体の仕組と同じなのです。人間の身体は法則から外れると不調和を起こし、病気になります。我々の身体も、会社も、もっと言うならば日本も世界も、法則の下では全く同じであるということに早く気づいて頂きたいと思います。

親と子の心は一つなのだから、自分の考え方、意識が変われば子供の病気は消える

ある男性が私を訪ねてきました。その方は今までに四万冊以上の本を読み、数え切れないほどの講演会に出席し、五千本の研修テープを聞き、あらゆる宗教、あらゆるセミナーを受け、三十年にわたって自分探しの旅をしてこられた方です。最初は私と話をしていても、総て「それは知っています」「よくわかっています」とおっしゃっていました。しかし、私から見ると、それは総て本を読んだり人から聞いたことであって、本人が本当に理解して答えているとは到底思えませんでした。

その方は私よりもずっと年上の方なのですが、いつもニコニコと笑顔で人に接する大変誠実な方でしたので、このまま頭の世界だけで人生を終わってほしくないと思い、私が主宰している『真我開発講座』への参加をお誘いしましたところ、「わかりました」と言って早速、受講して下さいました。そこで彼は、初めて頭で理解することのできない宇宙の法則、人間の心を体感したのです。

翌日、その男性から突然私に連絡があり、今すぐどうしても会いたい、というのです。あまりにも強引な電話でしたので、私も時間を空けて待っていました。会って話を聞くと、

息子さんが少し前に突然倒れて脳腫瘍で死ぬかもしれない、というのです。今から福井にいる息子さんの所に飛行機で向かうところなのだが、その前に一時間ほど時間があったので、どうしても私と話がしたくて立ち寄ったというのです。

本来ならば当然、動揺して居ても立ってもいられない状況であるにも拘らず、私の所へ来て話を聞いて貰いたいというのですから、聞く方の私も真剣です。彼は、『真我開発講座』を受講して、息子さんと自分が実は一体である、一つである、ということを体感した直後でしたので、息子さんが脳腫瘍になったのは、自分にも原因があるという気がしてならないというのです。

私から見ると、息子さんの脳腫瘍はこれまで彼が本から得た知識だけで物事を判断し、自分の中の無限の魂を使っていないことに対する一つの現象としか思えませんでした。本当の生命力を引き出すと、人間はもっともっと生き生きし、総ての病気が消えていくものなのです。彼は、「私の残りの人生を総て佐藤先生の『真我開発講座』を広めるために使わせて下さい」と言い残して羽田空港に向かいました。私はその瞬間、息子さんの腫瘍は消える、と思いました。なぜなら、息子さんの脳腫瘍の原因は彼の頭の世界の観念が息子さんに映じたことによるものだからです。ですから、本人の意識が魂の底から変われば、息子さんの腫瘍は必要なくなるのです。

その四日後、彼から、息子さんの腫瘍がなぜかレントゲン写真から消えた、という驚きの電話をいただきました。しかも、息子さんは何事もなかったかのようにピンピンしているというのです。さらに退院して二週間後、ゴルフコースでハーフを回り、会社の同僚をアッと言わせたそうです。

この本を読んでいる皆さんは、この出来事を、そんな馬鹿な、眉唾だ、と思うかも知れませんが、しかし、私の『真我開発講座』を受け、そのような経験をした方が増えてきているのは事実です。このことは、人間が総て心でできていて、親も子も総てが魂で繋がっているということの証なのです。**すでに二十一世紀を迎えた我々の魂を向上させていけば、こんなことは当り前になる時代が来る**はずです。現代の科学の総力を結集しても作れない、この目、耳、心臓といった、素晴しいコンピュータが何千年も昔からあった事実を考えると、**世の中には、人間の頭では理解できないことの方が圧倒的に多い**と思わざるを得ません。

自分の魂で感じ取る、命でわかる、ということは、頭でわかることとは全く違う次元のことなのです。むしろ反対である、と言った方がいいかもしれません。

このお話は、ご本人の了解を得て紹介させていただきました。これはまさに、頭の世界と魂の世界の違いを実証した一例と言えるでしょう。

運は思い方一つでどうにでもなる あなたの未来はあなたの心で決まる

人間は死ぬとどうなるのか、という質問をする人がよくいますが、魂の次元で考えると、死ぬということは我々の肉体がなくなるということでしかありません。よく霊になる、という人がいますが、霊というのは、私が言う魂のことではありません。**私が言う魂とは、神の心のことであり、霊とは、人間の観念、思いのことを指している**のです。

人間は死んでも、想念や思いは残ります。そう考えると、この世に存在する総ての物事は霊であると言っても過言ではありません。

形のある物も同様です。我々の思いが形となって残っているのですから、作った人が死んでも、その人の思いは形となって残るのです。また、形がなくなったとしても、その物に対する思いは残ります。

私は以前、木の葉を半分に切って特殊な機械で見ると元通りの形に写し出され、ないはずの半分が見える、という実験をテレビで見たことがあります。これは、葉の想念が形となって残っていることの実証でした。**我々人間も同じように、想念や思いでできています。**肉体はなくなっても想念や思いは総て残りますから、今、何を思って生きているかということは、今だけの思いでは済まされず、ずっと残っていく可能性もあるのです。ですから我々は、常に、明るく、前向きに、積極的に、夢をもって、希望をもって、愛と感謝の気持ちで、勇気をもって、素直な心で生きていかなくてはならないのです。

例えば、ボールを床に置いて手で転がすと、最初に押した速度がそのボールの速度として決まってしまいます。我々の思いも同じで、この人はいい人だ、嫌な人だ、という最初の思いがいつまでもその人につきまとうのです。特に営業の世界では、出会った瞬間の思いが顕著に結果となって現われますから、日常の思い方、心の在り方がどうなっているのかを意識して改善していかなくてはなりません。

我々はよく、いい霊がついているとか、悪い霊がついているとか言いますが、それは、つく・つかないの問題ではなく、お互いに引き合っているのです。ただ、肉体があるかないかの違いであって、見える世界と見えない世界を一つと考えると、同じ想念、同じ思いの者同士が集まっているだけなのです。従って、自分に寄ってくるのは、霊であっても人であっても大した違いはありません。霊でも人でもよいものを引き寄せれば、結果的に、運のいい人、イコール心の状態のいい人になれるのです。ですから、**我々の思い方を変えれば、運は変わっていく**のです。結局、人間は生きていても死んでしまっても、想念、思いによって存在することを自覚して、今この瞬間瞬間を明るく正しい心で生活すれば、自分の運命も自分の周りの人達もいい方向にもっていくことができるのです。

人間には本来、正常に戻ろう・なろうとする復元パワーがある

生命には本来、振り子のように元に戻ろうとする力があります。これは、本来作ったままの姿に戻ろうとする力です。これを自然治癒能力といいます。地球も全く同じです。地球に穴があいても、結局、何らかの作用で埋まってしまいます。必ず、元に戻ろうとする力が働くのです。

例えば、振り子を手で持ち上げてパッと手を離すと、元に戻ろうとします。この時の振り子を持ち上げる人間の力を「第二念」、手を離した時、元に戻ろうとする力は宇宙の力、神の力で、「第一念」と言います。本来、人間には総ての人にこの第一念が働いているのです。

人間は、自分の身体にとって有害な物を飲んでも、下痢をして身体から排除しようとする力が働いています。熱い物に触ると反射的に手を引くように、自分の身体にとって有害な物を識別する力が本能的にあるのです。これは、頭で考えて識別している以前の力です。

例えば、鳥は食べ物を絶対に間違えることはありません。たとえ食べ物と似たような石こ

ろがあっても、絶対に食べたりしないのです。人間の発熱はこれと同じです。熱により身体を暖め、細菌を殺し元に戻ろうとする、一種の自然治癒能力の現われなのです。**人間の身体の作用、変化には、総て意味がある**のです。また、人間には身体に必要なものが最初から備わっているのですから、それを自覚することが宇宙のシステム通りに生きることに繋がるのです。それは、あらゆるものと調和がとれ、健康で喜びに溢れた生き方なのです。

　我々に毎日起きていることは、どんな些細なことにでも意味があります。それは自分の過去の心と行ないの結果であり、答えでもあるのです。また、これからの人生を歩むための問いかけでもあります。その問いかけを素直に受け止め、自分の考え方、生き方、人間関係を考え直し、反省すべき点は反省し、改善すべき点は改善し、強い意志をもって方向を変えていけば、必ずいい結果が出ます。どんな出来事も、原因があって初めて結果があるのです。総てに意味があるのです。何かトラブルがあった場合は、きっと天が「あなたはまだまだ与える愛が足りないですよ」と教えてくれていると思って下さい。

あとがき

本書をお読み下さってありがとうございます。人間は何のために生きているのか、何をしなければいけないのか。これは人類誕生以来、釈迦、キリストの時代を経てもなお、人間が求め続けている永遠のテーマです。人間は、自分が何のために生まれ、どう生きて行くべきなのかを知れば、今より百倍、いや千倍、素晴しい人生を送ることができます。本来、総ての人々が人生の目的を知り、そのことを自覚して生きて行かなくてはならないはずなのに、ほとんどの人は、はっきりとした目標をもたずに人生を終わらせてしまいます。人間が、二度とない一度の人生を最高のものにするには、どうしても人生の目的を明確にしていかなくてはならないのです。それを、たった一日で、魂の底から発見し、体感させられるのは、世界でも唯ひとつ、この『真我開発講座』しかありません。この講座を受講することによって、あなたの人生が素晴しく変化することは間違いありません。是非、一度、人生という列車から降りてこの講座を受講されることをお勧めいたします。

佐藤康行

【真我の覚者】

佐藤 康行（さとう やすゆき）

1951年北海道美唄市生まれ。真理（真我）を悟る方法を人類史上初めて体系化し、他者を確実に悟りへと導く道を切り拓いた真我の覚者。15歳で単身上京、皿洗いからレストランを創業。世界初の立ち食いステーキを考案し、8年で70店舗・年商50億円を達成した。その後経営権を譲渡し心の学校を創立、人々を真我へと導く本来の使命の道へと進み、30年以上にわたりグループ全体で52万人以上の人生を劇的に好転させてきた。

2014年には東京駅前にYSこころのクリニックを創設、90日以内にうつ病の90％以上が寛解するという顕著な実績を示した（現在はYSカウンセリングセンターとして門前仲町に移転）。ノーベル賞候補の科学者、大企業経営者、著名な医師など各界のリーダーへの指導実績を持ち、ANA（全日本空輸）では43,000人の全グループ社員を対象とした公募型研修を実施。政財界からの信頼も厚く、教育分野では不登校・いじめ問題の多くの事例を解決に導いた。

独自の真我開発メソッドは、宇宙の法則が明確に言語化、図解化され、誰もが真我に目覚められる高い再現性を保ち、現在も科学的実証が重ね続けられている。著書は『しんどい月曜の朝がラクになる本』『満月の法則』（サンマーク出版）、『仕事で心が折れそうになったら読む本』（PHP研究所）、『太陽の法則』（KADOKAWA）、『真我』100巻 大全集（アイジーエー出版）など350冊以上、著者シリーズ累計で250万部に及ぶ。

天運を拓く ［新装改訂版］

2025年3月7日　第1刷発行

著　者　佐藤《さとう》 康行《やすゆき》
発行者　深澤 徹也
発行所　株式会社メトロポリタンプレス
〒174-0042 東京都板橋区東坂下2-4-15　TKビル1階
電話 03-5918-8461　FAX 03-5918-8463
https://www.metpress.co.jp

印刷・製本　株式会社ティーケー出版印刷

ISBN978-4-911209-66-0 C0030